Ekrem Eddy Güzeldere

Brasilien

fast ohne Klischees

tredition®
www.tredition.de

Verlag: tredition GmbH, Hamburg

ISBN
Paperback: 978-3-7323-1521-5
Hardcover: 978-3-7323-1522-2
e-Book: 978-3-7323-1523-9

Printed in Germany

Inhalt

Para todos, brasileiros e estrangeiros, que lutam para que o Brasil se torne verdadeiramente um país de todos e para Saio, que abriu esse mundo para mim.

Einleitung

„Um país de todos“, ein Land für alle. Großartiges Marketing eines Landes, das zu verführen weiß, aber auch zu blenden. Eines der beliebtesten Länder der Welt, das „keine Feinde hat“, wie es der ehemalige Verteidigungsminister Nelson Jobim sagte. Im September 2011 stehe ich in Pirenópolis, einer alten Goldgräberstadt etwa drei Stunden Busfahrt von Brasilia entfernt vor einer hausgroßen Aufschrift mit diesem Slogan. Darunter „Governo Federal“, Bundesregierung. Ich lebe seit 2005 in der Türkei. Eine der größten Zeitungen des Landes begrüßt ihre Leser täglich mit „Die Türkei den Türken“, was in diesem multiethnischen Land zwar nicht der offizielle Slogan der Regierung ist, es aber durchaus sein könnte. In meiner Heimat Deutschland, wird immer noch diskutiert, ob man ein Einwanderungsland sei, bei etwa 16 Millionen Menschen mit Migrationshintergrund, Tendenz steigend. Brasilien postuliert ein anderes Selbstverständnis. Aber viele der bunten Slogans, Marketingsprüche und Versprechungen der Regierung sind eben nichts Anderes als Werbung. Die Realität hat damit wenig zu tun. Zwei Jahre später im historischen Stadtkern von João Pessoa sah ich ein Graffiti, das ich für den Umschlag benutzt habe. „Wenn Brasilien ein Land für alle ist, wo ist dann mein Teil?“

Ein Land voller Widersprüche. Aufstrebende Wirtschaftsmacht, emerging power oder failing five, BRIC(S)-Mitbegründer, gefeiert für sein Sozialprogramm Bolsa Familia, das aber auch deutlich macht, wie bettelarm die Unterschicht ist, sodass ihr mit 25 bzw. 50 Euro im Monat aus der absoluten Misere geholfen werden kann. Eine Regenbogendemokratie? Die, indem sie den strukturellen Rassismus gegen die Schwarzen verschweigt, denkt, so gebe es damit kein Problem. Schulen, die nur gut und bezahlbar für die reicheren Städter sind, die sich vor der Gewalt, die jedes Jahr 50.000 Tote fordert, in eine Parallelwelt flüchten, in bewachte Wohnanlagen, Privatschulen, bewachte Bürogebäude, private Sportclubs, bewachte Einkaufszentren. Sogar der Bäcker an der Ecke sollte bewacht sein. Das Alles erleben die Brasilianer nie zu Fuß, immer im Auto mit geschlossenen und getönten Fenstern.

Im Juni/Juli 2014 bereiste ich Brasilien zum dritten Mal. Das erste Mal war ich im September 2011 dort. Das zweite Mal im März 2013, nur drei Monate vor den großen Juni-Protesten. Die meiste Zeit verbrachte ich im Nordosten mit Basis in Campina Grande im Bundesstaat Paraíba. Auf der letzten Reise standen Interviews und Treffen im Vordergrund. Ich schrieb einige Artikel für deutschsprachige („qantara, Deutsche Welle") und englischsprachige („The Global Dispatches") Medien, sammelte aber viel mehr Material, schon mit dem Hintergedanken, in naher Zukunft über die Außenpolitik Brasiliens im Vergleich mit der Türkei (und evtl. auch mit Deutschland) eine wissenschaftliche Arbeit zu schreiben.

Im vorliegenden Buch habe ich die Geschichten der dritten Reise verarbeitet, mit einigen Rückblicken auf die früheren Reisen. Da es im Vorfeld der WM eine Flut von (überwiegend sehr guten) Büchern über Brasilien gab, viele von den Korrespondenten der deutschsprachigen Medien, habe ich sehr oft beschriebene Themen wie Karneval, Rio, Schönheitsoperationen, Samba, Fußball, Urwald-Indianer etc. weggelassen und mich auf weniger behandelte Themen oder Unteraspekte konzentriert. Im Gegensatz zu den meisten Publikationen, die sich auf Rio de Janeiro und São Paulo konzentrieren, zweifellos die wichtigsten kulturellen und wirtschaftlichen Zentren, spielt die Mehrzahl meiner Geschichten im selten beschriebenen Nordosten, vor allem im Bundesstaat Paraíba.

Die ersten Kapitel entsprechen aber dem chronologischen Verlauf der Reise. Von Rio Grande do Sul und den Hunsrückisch sprechenden deutschen Einwanderern zu den Muslimen in Jundiaí (und später in Recife) bis zu den schwarzen Frauen von Salvador. Die paraibanischen Kapitel behandeln die Wahrheitskommission, die Potiguara-Indianer, die Regionalmusik des Nordostens, den Forró, und das Schulsystem am Beispiel einer Privatschule in Campina Grande.

Mein Dank gilt allen, die sich mit mir auf dieser Reise zum Interview getroffen und mit mir ihre Meinungen und Erfahrungen geteilt haben. Faszinierende Menschen in einem faszinierenden Land. Ein besonderer Dank gilt auch meiner Mutter für die gründliche Korrektur der Texte und Anregungen während der letzten Schreibphase.

Basisdaten zu Brasilien und Paraíba

Brasilien ist das fünftgrößte Land der Erde mit 8.514.215 km². Damit macht es fast 50 Prozent Südamerikas aus (47,3%). Bis auf Chile und Ecuador hat Brasilien mit jedem südamerikanischen Land eine Grenze. Nur Russland, Kanada, die USA und China sind größer. Im Vergleich zu Brasilien wirkt das zweitgrößte Land Südamerikas, Argentinien, mit 2,78 Mio. km² fast schon klein. Brasilien ist 24 mal größer als Deutschland, mit seinen 357.022 km².

Auch mit seiner Bevölkerung liegt Brasilien weltweit an fünfter Stelle. Anfang Dezember 2014 wird die Bevölkerung vom Instituto Brasileiro de Geografia e Estatistica (IBGE) auf 203.499.615 geschätzt. Damit sind knapp 3 Prozent der Weltbevölkerung Brasilianer. Nur in China, Indien, USA und Indonesien leben mehr Menschen. Bezüglich der Bevölkerungsdichte steht Brasilien aber mit knapp 24 Bewohnern pro km² nur an 191. Stelle von 242 souveränen Staaten. In Deutschland leben zum Vergleich 226 Menschen auf einem km², was weltweit den 58. Platz bedeutet.

Laut Zensus von 2010 gaben knapp 48 Prozent der Brasilianer an, weiß zu sein, 43 Prozent bezeichnen sich als braun (Mischling), 7,6 Prozent als schwarz, gut 1 Prozent als asiatisch und 0,43 Prozent als indianisch.

Bei der Religionszugehörigkeit nannten 2010

64,6%	katholisch
22,2%	protestantisch
8,0%	bekenntnislos (atheistisch, agnostisch)
2,0%	animistisch
3,2%	andere Religionen (z.B. muslimisch, jüdisch und afrikanische Religionen)

1872, beim ersten Zensus, bezeichneten sich noch 99,7 Prozent als katholisch.

Laut IMF (Internationaler Währungsfonds) hatte Brasilien 2014 ein BIP (Bruttoinlandsprodukt) von 2.244.131 Mrd. $ und ist damit die siebtgrößte Volkswirtschaft der Welt. Ziel der Regierung ist es, bis 2024 zur viertgrößten Volkswirtschaft aufzusteigen. Nach aktuellen Schätzungen wird dies ein schwieriges Unterfangen, da die Wachstumszahlen für die kommenden Jahre selten mit mehr als 2% angegeben werden. Sie müssten aber, um das gesteckte Ziel zu erreichen, wie zwischen 2004 und 2011 im Schnitt bei 4,9% liegen.

Das Pro-Kopf-Einkommen beträgt derzeit ca. 11.310 $ / Jahr. Damit liegt Brasilien abgeschlagen an 62. Stelle der Welt, knapp hinter Argentinien. In Deutschland, das an 18. Stelle platziert ist, beträgt das BIP per capita ca. 45.000 $.

In vielen Ranglisten, die demokratische Standards messen, rangiert Brasilien unter den Entwicklungsländern. Der Weg zur funktionierenden Demokratie und globalen Wirtschaftsmacht scheint noch weit, einige Beispiele:

Im Corruption Perceptions Index 2013 von Transparency International[1] landet Brasilien auf dem 72. Platz von 177 untersuchten Staaten, punktgleich mit Rumänien und Bosnien.
Deutschland an 12. Stelle, die Türkei an 53. Stelle.

Was die Pressefreiheit anbetrifft liegt Brasilien 2014 auf dem abgeschlagenen 111. Rang von 180 analysierten Ländern. Im diesjährigen Bericht von „Reporter ohne Grenzen" sind in Südamerika nur Kolumbien und Venezuela schlechter platziert. Argentinien spielt mit Position 55 in einer anderen Liga.[2] Deutschland liegt an 14. Stelle.

Im Human Development Index (Index für menschliche Entwicklung) des Entwicklungsprogramms der Vereinten Nationen (UNDP), der am 24. Juli 2014 veröffentlicht wurde, liegt Brasilien an Position 79 der untersuchten 187 Länder und damit noch weit von der Türkei (69. Stelle) und Argentinien (49. Stelle) entfernt.[3] Länder wie Iran, Jordanien, Serbien, Georgien, Peru und die Ukraine liegen knapp vor oder hinter Brasilien. Deutschland liegt an 6. Position. Beim Unter-Index zur Geschlechtergerechtigkeit rangiert Brasilien sogar nur auf dem 85. Rang.

---

1 Transparency International, Corruption Perceptions Index 2013, http://www.transparency.org/cpi2013/results

2 Reporter Ohne Grenzen, Jahresbericht 2014, http://rsf.org/index2014/en-index2014.php#

3 Human Development Index, http://hdr.undp.org/en/countries, http://hdr.undp.org/sites/all/themes/hdr_theme/country-notes/BRA.pdf

Aber auch in rein wirtschaftlichen Ranglisten ist Brasilien abgeschlagen. Im diesjährigen (2014) Index of Economic Freedom gilt Brasiliens Wirtschaft als „mostly unfree“ und landete nur auf dem 114. Platz. Das heißt unter dem weltweiten Durchschnitt, aber auch unter dem regionalen Durchschnitt. Von den 29 lateinamerikanischen Ländern liegt Brasilien lediglich an 20. Stelle.[4] In den ersten Lula-Jahren gelang es Brasilien in die bessere Kategorie der „moderately free“ Länder aufzusteigen. Seit 2007 befindet sich das Land aber wieder bei den „hauptsächlich unfreien“ Ländern.

Auch der KOF Globalization Index 2013 der ETH Zürich bescheinigt Brasilien eine eher bescheidene Position, nämlich die 76. Stelle von 207 untersuchten Ländern.[5] Deutschland liegt an 26. Stelle.

Mit diesen schlechten Platzierungen in den internationalen Ranglisten müssen sich die Brasilianer gegenwärtig (noch) abfinden. Für sie aber kaum zu ertragen ist, nur noch auf dem 6. Platz der Fifa-Rangliste zu liegen. Im Dezember 2014 liegt Brasilien in der Welt des Fußballs damit hinter Deutschland, Argentinien, Kolumbien, Belgien und den Niederlanden. Schlimmer noch als dieser 6. Platz wiegt wohl, dass sogar zwei südamerikanische Mannschaften besser platziert sind.[6]

---

4 2014 Index of Economic Freedom, http://www.heritage.org/index/country/brazil

5 KOF Globalization Index 2013, http://globalization.kof.ethz.ch/media/filer_public/2014/04/15/rankings_2014.pdf

6 Fifa Rangliste Dezember 2014, http://de.fifa.com/fifa-world-ranking/ranking-table/men/index.html

Übrigens rangieren auch die fußballspielenden Brasilianerinnen weltweit an 6. Stelle. In diesem einen Punkt besteht somit Gleichheit zwischen den Geschlechtern. Den ersten und zweiten Platz auf der Frauen-Rangliste der Fifa belegen die USA und Deutschland.

Paraíba

Über die Hälfte der Kapitel spielen im Bundesstaat Paraíba. Deshalb einige Informationen auch über diese wenig bekannte Region.

Die Einwohnerzahl Paraíbas wird Anfang Dezember 2014 auf 3.953.263 geschätzt.

Die mit Abstand größte Stadt Paraíbas ist die Hauptstadt João Pessoa, in der 708.738 Menschen leben. Die zweitgrößte Stadt, Campina Grande, zählt knapp über 400.000 Einwohner. Nur Santa Rita und Patos haben noch mehr als 100.000 Einwohner.

In Paraíba liegt der östlichste Punkt auf dem Festland Amerikas, der Ponta do Seixas in der Nähe João Pessoas.

Paraíba ist der Name eines Flusses, der in der Indianersprache Tupi „schwer zu befahrener Fluss“ heißt.

Wie in vielen Regionen des Nordostens besteht die Bevölkerung Paraíbas mehrheitlich aus Mestizen. Im Zensus von 2010 machten die pardos (braun, Mestizen) fast 53% aus, gefolgt von den Weißen mit knapp 40%, den Schwarzen mit 5,6%, den Asiaten mit 1,3% und den Indianern mit weniger als 0,5%.

Was die Religionszugehörigkeit anbetrifft, bezeichneten sich 2010 fast 77% als Katholiken, somit deutlich mehr als in Gesamtbrasilien. Der Einfluss der kontinuierlich wachsenden evangelikalen Kirchen ist noch nicht so stark bemerkbar. Aber insgesamt knapp über 15% gaben an, einer der zahlreichen evangelikalen Kirchen anzugehören. Deren größten Teil mit über 8% machten die Pfingstkirchen aus. 5,7% der Paraíbaner gehörten keiner Religion an. Die größte afrikanische Religion war Candomblé mit 1.311 Anhängern. Außerdem gaben sich 626 als Juden, 76 als Muslime und 60 als Hindus aus.

Paraíba ist einer der ärmsten brasilianischen Bundesstaaten. Mit einem BIP pro Einwohner von lediglich knapp über 10.000 $ lag Paraíba 2012 an 24. Position der 26 Bundesstaaten und des Distrito Federal (Brasilia). Der gesamte Nordosten hat ein Durchschnitts-BIP pro Einwohner von 11.000 $, die reichsten Regionen Centro-Oeste und Sudeste mit je knapp 30.000 $ fast drei Mal so viel.

Politisch wird Paraíba seit 2011 von Ricardo Coutinho von der Partido Socialista Brasileiro (PSB) regiert. Coutinho war seit 2005 Bürgermeister seiner Heimatstadt João Pessoa.

Meine Reiseroute von 8. Juni bis 16. Juli 2014. Da *Google* nur 10 Orte zulässt, fehlt der Startpunkt Porto Alegre. Keine Angst, ich bin nicht gelaufen, sondern habe je nach Bedarf und Möglichkeit Flugzeuge, PKWs und Busse benutzt.

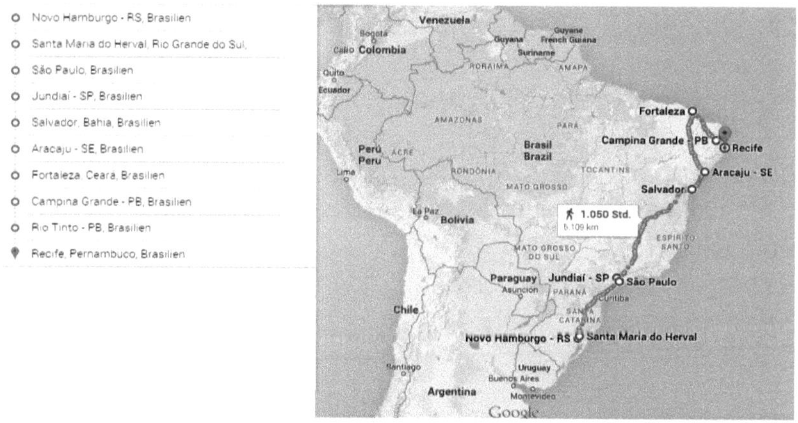

Quelle: Google Maps

Brasilien nach Protesten, der WM(-Niederlage) und Wahlen

2013 und 2014 waren turbulente Jahre. Massenproteste, WM-Vorbereitung und damit einhergehendes Chaos, die historische 1:7 Niederlage im WM-Halbfinale, Flugzeugabsturz eines Präsidentschaftskandidaten und schließlich Wahlen: Zum Präsidenten, zur Abgeordnetenkammer, zu den Gouverneuren und zu einem Teil der Senatoren. Am Ende des Jahres 2014, sieht es aber so aus, als hätte das keinen oder nur einen geringen Einfluss auf die Politik gehabt. Am 26. Oktober wurde Dilma Rousseff als Präsidentin bestätigt. Mit weniger als 52 Prozent war das Ergebnis deutlich knapper als bei ihrer ersten Wahl 2010, als sie 56 Prozent erhielt und knapper als die Wahlergebnisse ihrer Vorgänger. Zum Macht- und potentiellen Politikwechsel in Brasilia aber kam es nicht.

Trotzdem haben die vergangenen vier Jahre ihre Spuren hinterlassen. Die Euphorie der Lula-Jahre (2002-2010) ist vorbei. Brasilien wirkt ungeduldiger, polarisierter, unversöhnlicher als noch vor zehn Jahren, als es sich aufmachte nicht nur im Fußball in der ersten Liga zu spielen.

Mit Programmen wie *bolsa familia* wurde den Ärmsten der Armen die Teilnahme an der Gesellschaft ermöglicht. Eine neue, wenn auch arme Mittelschicht entstand. Mehr Brasilianer studieren, reisen im In- und Ausland, lernen Fremdsprachen, werden krankenversichert. Außenpolitisch versuchte Brasilien zur führenden lateinamerikanischen Regionalmacht mit globalem Anspruch zu werden, die den globalen Süden anführt, der dem von den USA und vom Westen dominierten System eine Alternative entgegensetzt.

Deshalb ist diese Politik und ihre nicht zu bestreitenden Erfolge auch indirekt für die Proteste vom Juni 2013 verantwortlich. Die Classe C[7], die euphemistisch als Mittelklasse bezeichnet wird, obwohl sie immer noch recht arm ist, steht für die Aufsteiger Brasiliens aus der Misere. Seit dem Sommer 2013 steht sie auch für die Enttäuschten, denen es nicht mehr genug ist, nur Konsumenten geworden zu sein. Sie wollen, wie die Mehrheit der Brasilianer, einen funktionierenden Staat. Eine Gegenleistung. „Wir zahlen Steuern wie in einem Erste-Welt-Land und bekommen dafür öffentliche Leistungen wie in einem Dritte-Welt-Land" (Wunn, S. 87).

Es gärte schon länger, aber um Massen zu mobilisieren bedurfte es noch eines Anlasses. In Tunesien war das die Selbstverbrennung des Gemüsehändlers Mohamed Bouazizi am 17. Dezember 2010 in Sidi Bouzid. In Istanbul der Versuch der Stadtverwaltung, Ende Mai 2013 einige Bäume im zentralen Gezi-Park zu fällen. In Brasilien brachen die Proteste wegen der hohen Fahrpreise in öffentlichen Verkehrsmitteln aus. Diese werden bereits seit Jahren von der kleinen NGO „Movimento Passe Livre" (MPL, Bewegung für kostenlosen Nahverkehr) bekämpft. Großer Unmut schwelte auch in der Bevölkerung wegen der oft irrsinnig hohen Ausgaben für die WM, die wie ein Katalysator wirkten. Die Erhöhung der Busfahrpreise in São Paulo um 20 Centavos (7 Euro Cents), beschlossen am 24. Mai, war dann nur der Tropfen,

---

[7] In Brasilien gibt es nach Familieneinkommen aufgeteilt ein Klassensystem von A bis E. Klasse A ist man mit mehr als 11.261 RS, Klasse B mit mehr als 8640 RS, Klasse C mit mehr als 2004 RS, Klasse D mit mehr als 1254 RS und Klasse E mit weniger als 1254 RS. Während Klasse D lediglich eine Spanne von 750 RS hat, hat die Klasse C eine Spanne von 6636 RS. Die Untergrenze der Klasse C entspricht lediglich 636 Euro im Monat. 2003 betrug die Klasse C etwa 66 Millionen und 2014 stieg sie auf fast 120 Millionen an. Im gleichen Zeitraum nahmen die Klassen D und E von über 96 Millionen auf unter 50 Millionen ab. 1 Euro entspricht etwa 3,15 RS.

der das schon randvolle Fass zum Überlaufen gebracht hat. Ab dem 3. Juni 2013 entlud sich der Frust. Die Proteste richteten sich nicht gegen einen Politiker oder eine Partei, sondern gegen ein System, gegen die gesamte politische Klasse. Schnell weiteten sich die Proteste geographisch und thematisch aus. Das ganze Land protestierte gegen hohe Fahrpreise, Korruption, Verschwendung von Steuergeldern, das in seinen Augen schlechte Gesundheits- und Bildungssystem. Politiker, Journalisten, Einheimische und Ausländer waren überrascht. Die Brasilianer waren bis dato nicht gerade als große Demonstranten bekannt, im Gegenteil, sie „standen im Ruf, dass sie nicht gerne zum Protestieren auf die Straße gingen, sie waren weniger politisiert als etwa die Menschen im benachbarten Argentinien“ (Glüsing, S. 88).

Die Politik hoffte, die Proteste mit „König Fußball“ ersticken zu können. Brasilien stand kurz vor der Generalprobe für die WM, dem Konföderationen-Cup (kurz, Confed-Cup, 15. bis zum 30. Juni). Pelé, der vor allem im Ausland geschätzt wird, wandte sich an seine Landsleute: „Vergessen wir all die Aufregung, die derzeit in Brasilien passiert, all diese Proteste, und erinnern wir uns, wie sehr die brasilianische Mannschaft für unser Land und unser Blut steht.“ Was folgte war ein shitstorm, Pelé musste zurück rudern. Das galt auch für die führenden Medien. Noch am 12. Juni, nach den ersten größeren Protesten, titelte die angesehene Tageszeitung Folha de São Paulo: „Die Demonstranten randalieren im Zentrum“. Das Foto auf der ersten Seite zeigte brennende Barrikaden und Vermummte. Am 13. Juni zitierte die Zeitung Gouverneur Alckmim, „mit aller Härte gegen die Vandalen vorzugehen.“ Folha forderte ein hartes Durchgreifen der Polizei und eine „Rückeroberung des öffentlichen Raums.“ Das versuchte die Polizei auch. Tränengas, Wasserwerfer, Schlagstöcke kamen zum Einsatz, auch gegen Folha-Journalisten, die die Proteste für die Zeitung verfolgten. Aber am 14. Juni schwenkte diese Zeitung und mit ihr praktisch alle Massenmedien auf die Seite der Demonstranten. Die Überschrift auf Seite 1 sprach jetzt davon, dass die „Polizei mit Gewalt reagiert, São Paulo erlebt eine Nacht des Chaos." Darunter ein Foto der Journalistin Giuliana Vallone: Auf der Straße sitzend mit blutverschmiertem Gesicht und zugeschwollenem Auge. Der jungen Journalistin wurde aus größter Nähe ohne Vorwarnung von der Policia Militar ins Gesicht geschossen.[8] Auf einmal waren die Demonstranten keine Vandalen mehr, sondern Bürger mit „legitimen Anliegen." Nicht nur in São Paulo und Rio, schließlich auch in Brasilia, das oft als „Hauptstadt ohne Volk" bezeichnet wird. Eine solche hätte die Regierung und FIFA wohl auch am liebsten gehabt für das Eröffnungsspiel des Confed-Cups zwischen Brasilien und Japan am 15. Juni 2013. Vor dem Stadion wurde heftig protestiert, im Stadion Rousseff und Fifa-Präsident Blatter ausgepfiffen. Am selben Tag folgten in São Paulo Tausende dem Aufruf „Vem pra rua!" („Geht auf die Straße!"), der in die Webseite einer Fußballfan-Gruppe „gehackt" wurde.

Der Höhepunkt der Proteste war damit erreicht. Am 21. Juni waren laut der Konföderation der brasilianischen Gemeinden in insgesamt 438 Städten etwa zwei Millionen Brasilianer auf den Straßen.[9] Für den Spiegel-Korrespondenten Jens Glüsing war „Der Riese Brasilien erwacht - aber anders, als sich die Politiker das erträumt hatten. Er protzte nicht mit Wirtschaftswachstum, sondern mit politischem Bewusstsein" (Glüsing, S. 89). So wie in anderen Ländern, z.B. der Türkei, trug auch das Verhalten der

---

[8] Erste Seite der Folha de São Paulo vom 14. Juni 2013, http://www1.folha.uol.com.br/fsp/cp14062013.shtml

[9] Correio Brasiliense, "Quase 2 milhões de brasileiros participaram de manifestações em 438 cidades", 21. Juni 2013, http://www.correiobraziliense.com.br/app/noticia/brasil/2013/06/21/interna_brasil,372809/quase-2-milhoes-de-brasileiros-participaram-de-manifestacoes-em-438-cidades.shtml

Polizei zum Anwachsen der Proteste bei. Sie wirkte oft hilflos und unvorbereitet. „Sie ist von der Mentalität der Diktatur geprägt, mit demokratischen Protesten wissen die Polizisten nicht umzugehen - entweder sie schlagen brutal über die Stränge oder sie lassen den Demonstranten alles durchgehen“ (Glüsing S. 91). Es kann aber auch sein, dass sie immer so gehandelt hat, nur eben bis zu den Protesten hauptsächlich in den Favelas, wo es die weißen Brasilianer und das Fernsehen nicht sehen (wollten). Jetzt wurden die Polizeigewalt, das Tränengas, die willkürlichen Verhaftungen der Weltöffentlichkeit wie auf dem Tablett präsentiert.

Zum Glück für die Politik dauerte der Confed-Cup nicht ewig, mit dem Endspiel am 30.6. ebbten die Proteste merklich ab. Mit zunehmender Dauer zerfaserte sich die Protestbewegung in kleinere Gruppen und deren Partikularinteressen. Trittbrettfahrer, wie Skinhead-Gruppen versuchten die Proteste für Krawall, Randale und sinnlose Gewaltexzesse zu missbrauchen. Aber auch die Politik reagierte. Viele Stadtverwaltungen wie in São Paulo und Porto Alegre nahmen im Zuge der Proteste die Fahrpreiserhöhungen wieder zurück. Darüber hinaus zeigten sich die Präsidentin, zahlreiche Gouverneure und Bürgermeister jetzt dialogbereit und trafen sich mit Demonstranten. Nach dem Treffen mit Dilma äußerten sich MPL-Vertreter aber ernüchtert: Dilma verstehe weder die Protestbewegung noch die Bedeutung des Nahverkehrs für die ärmeren Schichten. Es wäre nur gut gemeinter, aber unvorbereiteter Aktionismus von ihr. Schließlich siegte aber auch bei Dilma Rousseff die politische Vernunft: Sie wandte sich in einer Fernsehansprache an ihre Bürger und verkündete, dass die Demonstrationen „die Stärke der brasilianischen Demokratie“ zeigten und „die Jugend Brasilien voranbringen möchten.“ Dilma sprach von „einer neuen politischen Energie, damit wir viele Dinge besser und schneller machen können. ... Die Demonstranten haben das Recht alles und jeden in Frage zu stellen.“[10] Sie kritisierte lediglich die Gewalt und den Vandalismus einiger Weniger und kündigte an, sich mit allen 27 Gouverneuren und den 26 Oberbürgermeistern der Provinzhauptstädte zu treffen. Nach diesem Treffen, das am 24. Juni stattfand, erläuterte Dilma einen Fünf-Punkte-Plan live im Fernsehen und Radio:

1) Wirtschaft, politische Kontrolle und Eindämmung der Inflation
2) Politische Reformen, Stärkung plebiszitärer Elemente und Bekämpfung der Korruption
3) Gesundheit (Verbesserung der Versorgung, kurzfristig sollen 10.000 Arztstellen in benachteiligten Regionen geschaffen werden)
4) Transport (z.B. umgerechnet 16 Mio. Euro für neue Investitionen in den öffentlichen Nahverkehr)
5) Bildung (Einnahmen aus dem Ölgeschäft sollen zu 100% in die Bildung fließen)[11]

All diese Hauruck-Maßnahmen konnten aber den Negativtrend der Präsidentin in Umfragen nicht aufhalten. Gerade noch 30 Prozent der Befragten bewerteten Dilmas Arbeit positiv. Vor den Protesten waren es noch 57 Prozent. Eine sicher geglaubte Wiederwahl im Oktober 2014 schien in Gefahr zu sein. Vom Fußball hatte sie da schon genug. Zum Endspiel am 30. Juni ging sie nicht mehr, um nicht wie beim Eröffnungsspiel ausgepfiffen zu werden.

Als sie ihren Punkteplan erläuterte, zeigte sich, dass den brasilianischen Politikern der Schrecken in die Glieder gefahren war. Sie hatten auf einmal Angst vor dem Zorn ihres Volkes, vor dem sie sich vor den Protesten so schön in Ruhe gelassen wähnten. Der

[10] Ansprache Dilma Rousseffs am 21. Juni 2013, http://www.youtube.com/watch?v=R8KBp3JWjBg

[11] Rede Dilma Rousseffs am 24. Juni 2013, http://www.youtube.com/watch?v=3vi5TwVrMn0

Kongress lehnte mit großer Mehrheit von 430 gegen 9 Stimmen eine Verfassungsänderung ab, die sog. PEC37, die die strafrechtliche Ermittlung gegen Abgeordnete und Beamte erschweren sollte und die Untersuchungen lediglich von der Polizei durchführen lassen wollte. Die Staatsanwaltschaft sollte entmachtet werden. Vor den Juni-Protesten war eine Mehrheit noch für diese Änderungen gewesen, die seit 2011 jede parlamentarische Hürde genommen hatten.

Der Confed-Cup war die Generalprobe für die WM, vor allem für den Ausrichter. Aber war es auch die Generalprobe für Massenproteste? Das dachten einige und hofften viele. In der Ausgabe der portugiesischen Zeitschrift Público vom 16. März 2014, also nur drei Monate vor dem WM-Beginn, äußerte sich einer der bekanntesten brasilianischen Anthropologen, Eduardo Viveiros de Castro, Professor am Nationalmuseum in Rio de Janeiro, auch zu seinen Erwartungen von der WM.

> *Frage: Was wünschen Sie, dass während der WM geschehen sollte?*
> *Antwort: Ein Volksaufstand.*
> *Frage: Was heißt das genau?*
> *Antwort: Demonstrationen. Ich erwarte mir weder die Erstürmung der Bastille noch eine Explosion von irgendwas, aber ich wünsche, dass die Bewohner Rios ganz deutlich sind. Da die WM in zahlreichen Städten ausgetragen wird, denke ich, dass sich Rio in das Epizentrum der WM-Probleme verwandeln wird.*[12]

[12] Público, "A escravidao venceu no Brasil. Nunca foi abolida", 16. März 2014, http://www.publico.pt/mundo/noticia/a-escravidao-venceu-no-brasil-nunca-foi-abolida-1628151

Es kam weder zum Volksaufstand noch wurde Rio ein Zentrum von Protesten. Die WM verlief ruhig, unerwartet ruhig. Dafür gibt es zahlreiche Gründe. Zwischen dem Ende des Confed-Cups und dem Beginn der WM lagen 11,5 Monate. Es ist praktisch unmöglich in einem demokratischen Land über Monate einen Protest aufrecht zu erhalten und Massen für die gleichen Themen auf die Straße zu bringen. Je länger der Protest andauerte, umso mehr entfernte sich die Mittelschicht, umso wichtiger wurden kleine radikale Gruppen. Gewalt ging zwar nur von einer winzigen Gruppe aus, hatte aber auf moderatere Teilnehmer eine abschreckende Wirkung, vor allem nachdem es zu einem Toten kam, den der sog. schwarze Block zu verantworten hatte. Aber auch staatlicherseits wurde vorgesorgt, dass sich der Juni 2013 nicht wiederholte. Die Polizei setzte auf massive Abschreckung. Es folgten martialische Einsätze auch bei kleinsten Demonstrationen, sehr häufig verbunden mit Verhaftungen. Auch die Justiz wurde als Waffe gegen Proteste eingesetzt, wie das sehr rigide und fragwürdige Anwenden des Anti-Terror-Gesetzes, das aus vielen Ordnungswidrigkeiten wie dem Erstellen von Barrikaden, Terror-Delikte machte und dementsprechend hart bestrafte. Und schließlich kam es nicht einmal zu den sonst üblichen chaotischen Zuständen an den Flughäfen oder im Innenstadtverkehr. Am Tag des Eröffnungsspiels waren die Straßen von São Paulo so leer wie wohl schon lange nicht mehr. Schüler hatten frei, ab Mittag auch alle Angestellten. Höchstwahrscheinlich waren die Brasilianer auch von den Horrorszenarien, die vor der WM kursierten, so abgeschreckt, dass sie ihre Flugreisen und innerstädtischen Autofahrten während der WM auf ein Mindestmaß beschränkten. Hinzu kam, dass die Innenstädte der Austragungsorte während der WM von Ausländern erobert wurden, die vor allem feiern wollten, sich dabei kein bisschen für brasilianische Innenpolitik interessierten und sich bei Caipirinha, Cerveja und Churrasco amüsieren wollten. Nicht einmal mehr Dilma wurde ausgepfiffen. Von wem auch bei diesen Eintrittspreisen? Normale

Fußballfans konnten sich diese nicht leisten und die politisierten Brasilianer wurden von der FIFA-Bannmeile und der enormen Polizeipräsenz abgeschreckt.

Die WM verlief deshalb größtenteils ruhig, die kleineren Zwischenfälle und Festnahmen schafften es kaum in die überregionalen oder gar internationalen Nachrichten. Es lief gut für Brasilien und die Regierung. Auch wenn die Brasilianer nicht begeistert von der Leistung ihrer Mannschaft waren, erwartete die große Mehrheit doch einen sechsten WM-Sieg. Wer auch sonst sollte gewinnen? Es war schön, dass die anderen mitspielten, aber sie sollten nur den farbenfrohen Rahmen für den Heimsieg schaffen, der 1950 nicht gelungen ist.

Dann kam das Halbfinale. Die *Bar do Cuscuz* in Campina Grande, am künstlichen Stadtsee in Sichtweite des Museums, das von Oskar Niemeyer, wem sonst, erbaut wurde, ist ein typisch amerikanisch-brasilianisches Sport-Kneipen-Restau-rant. Leinwände und Fernseher überall. Sogar auf dem Herrenklo hängt über jedem Pissoir ein Fernseher. Das riesige Restaurant trennt vom Eingang ein langer Gang in eine linke und rechte Seite. Links ist Platz für 100 und rechts für 130 Personen. Dazu kommt noch eine höher gelegene Ebene mit Platz für etwa 50 Personen. Auf dem Weg zu den Toiletten gibt es einen Spielplatz für Kinder, wo die fußballbesessenen Männer ihre Kinder samt Frauen parken können. Schon Stunden vor Anpfiff ist es prall-voll. In freudiger Erwartung wird bei bester Stimmung „vorgeglüht“. Ich bin der Einzige mit einem Deutschlandtrikot. Man prostet sich zu und wünscht sich alles Gute.

Nach der ersten Halbzeit werde ich für Regionalfernsehen und -zeitung interviewt, Kneipenbesucher machen Fotos mit mir, man gratuliert mir auf dem Weg zum Klo, beim Wasserlassen, beim Weg zurück. Ich bin Fotomotiv mit kleinen Kindern, älteren Frauen und Tätowierten, die Kellner spendieren ein Bier. Während der zweiten Halbzeit herrscht in der Kneipe Galgenhumor, Folha de São Paulo titelt noch während des Spiels „Vexame“, Schande, Schmach. Aber es ist an diesem Abend im Juli 2014 nicht mehr so wie 1950. Außer bei kleinen Kindern hält sich die Emotionalität in Grenzen. Es ist ein verlorenes Fußballspiel! Historisch wegen des Ergebnisses, aber nicht historisch im Sinne von Bedeutung für die brasilianische Geschichte. Es ist kein Wendepunkt und keine Zäsur, es beeinflusst nicht die Wirtschaft, es sind keine Selbstmorde nach dem Spiel bekannt. Über das Endspiel der 1950er WM gegen Uruguay wurden ganze Bibliotheken vollgeschrieben, die Spieler, vor allem die Schwarzen, zu Sündenböcken gemacht. Ein Land zweifelte an sich, die späteren zahlreichen WM-Siege waren nie so bedeutsam wie diese große Niederlage. Über die 1:7 Niederlage 2014 wird es, wenn überhaupt, nur wenige Bücher geben. Es war kein Schicksalsspiel mehr und wird kein nationales Trauma hinterlassen. Viele Brasilianer waren hinterher schon fast erleichtert, dass das Gerede um Brasilien als dem Fußballland schlechthin endlich aufhört. Sie sind es leid, dass sie international nur als Fußballer, Musiker und Models bekannt sind und halten das (zu Recht) für kindisch. Warum sollte das Brasilien des 21.

Jahrhunderts nicht auch für ein gerechtes Bildungssystem, Innovationen bei erneuerbaren Energien, Gleichberechtigung von Frauen und Schwarzen und ein progressives Sozialsystem weltweit geschätzt werden? Das ist vielleicht zu intellektuell gedacht und zur Zeit noch Zukunftsmusik, aber erste Töne sollte man davon schon bald leise hören können.

Natürlich ist das Ergebnis auch Tage danach noch Thema. Als ich eine Versammlung von Sozialarbeitern besuche, um bolsa familia in der Praxis besser zu verstehen, stellt mich der Abteilungsleiter vor und betont, dass ich aus Deutschland bin. Es folgt spontaner lang anhaltender Applaus von ca. 50 Frauen und drei Männern.
Zum Finale geht‘s wieder in die Bar do Cuscuz. Die Kellner begrüßen mich mit Handschlag: „Wieder der gleiche Tisch?“

Auch die Politik schien die Niederlage gut verkraftet zu haben. Die Einschätzungen, das Schicksal der Präsidentin hänge auch am WM-Sieg, erwiesen sich als falsch. In der nur zwei Tage nach dem WM-Finale veröffentlichten Umfrage von Datafolha führte Dilma mit 36 Prozent, vor Aécio Neves (PSDB) mit 20 Prozent und Eduardo Campos (PSB) mit 8 Prozent. Ibope bestätigte diesen Trend am 6. August mit 38, 23 und 9 Prozent für die drei Spitzenkandidaten. Nach einem turbulenten Jahr sah alles nach einem ruhigen, unspektakulären Wahlkampf aus. Eine Woche später änderten sich die Umfragen. Die PSB stieg Mitte August auf 20 Prozent an und war Ende August bei Datalfolha mit 34 Prozent gleichauf mit Dilma, Neves fiel auf 15 Prozent ab. Weder war die Wirtschaft eingebrochen, noch ein weiterer Korruptionsskandal, noch peinliche Details aus dem Leben der Präsidentin veröffentlicht. Am 13. August stürzte eine Cessna bei Anflug auf Santos im Staate São Paulo ab. Alle sieben Insassen starben und konnten nur an Hand von DNA-Spuren identifiziert werden. Einer der sieben war Eduardo Campos, Spitzenkandidat der PSB und bis 2014 Gouverneur von Pernambuco. Durch seinen unerwarteten plötzlichen Tod wurde seine Kandidatin für die Vizepräsidentschaft, Marina Silva, Spitzenkandidatin. Plötzlich sah es so aus, als würden in der Männerdomäne Politik zwei Frauen in die Stichwahl um das höchste Staatsamt kommen.

Marina Silva ist keine Unbekannte in der brasilianischen Politik. Sie war, so wie Dilma, Ministerin unter Lula. Die beiden Frauen hegen seit dieser Zeit eine tiefe Abneigung gegeneinander. Marina war Umweltministerin und trat zurück, da sie die Politik der Lula-Regierung als zu wirtschaftsfreundlich empfand und der Regenwald zu stark darunter litt. Danach trat sie der Grünen Partei bei, für die sie schon 2010 kandidierte und mit 20 Prozent auf dem dritten Platz landete. Eigentlich wollte sie 2014 auch wieder als Präsidentschaftskandidatin ihres 2013 neu gegründeten Nachhaltigkeits-Netzwerks (Rede Sustentabilidade) antreten, das aber bei Einreichung ihrer Kandidatur vom Hohen Wahlrat nicht als Partei anerkannt wurde. Somit war nur eine Vizekandidatur möglich. Sie einigte sich mit Campos. Zynisch könnte man argumentieren, dass der Absturz Campos‘ für Marina einen Monat zu früh kam. In den letzten Wochen vor der Wahl sank ihr Stimmenanteil in den Umfragen wieder auf zwischen 22 und 25 Prozent, Neves war auf einmal wieder an zweiter Stelle. Dabei blieb es dann auch. In der ersten Runde am 5. Oktober kam Dilma auf 42 Prozent, gefolgt von Neves mit 33,5 Prozent und Silva mit nur noch 21 Prozent. Ein Vorsprung von fast 10 Prozent ist nicht wirklich knapp, warum es dann in der Stichwahl doch so eng wurde, hatte vor allem zwei Gründe. Erstens war Neves der überzeugendere Kandidat in den Fernsehdiskussionen, in denen die hölzerne Dilma kaum überzeugen konnte. Zweitens äußerte Marina Silva eine Woche nach dem ersten Wahlgang ihre Unterstützung für Neves. Als Gründe führte sie an, dass nur mit Neves ein Politikwechsel möglich sei, aber auch, dass die Angriffe der PT und Dilmas keine spätere Zusammenarbeit zuließen.

Mit 51,64 Prozent gegen 48,36 Prozent war es dann auch das knappste Ergebnis der letzten Jahre. 2010 hatte Dilma noch 56 Prozent im zweiten Wahlgang erreicht, 2006 Lula sogar 60 Prozent. Rechnet man die Nichtwähler und ungültigen Stimmen mit ein, kam Dilma sogar nur auf 36 Prozent der insgesamt über 142 Millionen wahlberechtigten Brasilianer. Obwohl in Brasilien Wahlpflicht besteht, gingen ganze 30 Millionen nicht wählen, sieben Millionen stimmten ungültig, die meisten absichtlich. Dilma gewann im Nordosten, Neves im Süden, in São Paulo sehr deutlich. Dilma hatte in 15 Bundesstaaten die Mehrheit, Neves in 11 und dem Hauptstadtbezirk (Distrito Federal). Eine Nord-Süd Trennung heißt auch eine Trennung entlang klassenspezifischer Merkmale. Die Armen hatten Angst, dass ihnen Neves die Sozialprogramme kürzt und die Reichen, dass immer mehr für diese Programme aus ihren Steuergeldern ausgegeben wird.

Zeitgleich mit der Präsidentenwahl wurden auch die Abgeordnetenkammer und ein Teil des Senats (27 von 81 Sitzen) gewählt.[13] Das neugewählte Abgeordnetenhaus erhielt mit 198 zum ersten Mal Gewählten eine Verjüngungskur. Sonst ist wenig Positives zu berichten. In der neuen Kammer sind 28 Parteien vertreten, das sind sechs mehr als in der vorhergegangen Legislaturperiode. Zwar erreichte die Pro-Dilma-Koalition, die von der Arbeiterpartei (PT) angeführt wurde, insgesamt 304 der 513 Sitze und damit eine absolute Mehrheit. Aber die Koalition besteht aus 9 Parteien, die oft inhaltlich nur wenig Gemeinsamkeiten haben. Die PT ist zwar insgesamt die stärkste Partei, hat aber nur 14 Prozent, es gibt keine brasilianische Volkspartei. Die „Koalition Wandel", die ebenfalls aus neun Parteien besteht und von Neves' PSDB angeführt wurde, kam auf 25,5 Prozent und 128 Sitze. Schließlich erhielt noch die „Koalition Vereint für Brasilien", angeführt von

[13] Zu wählen waren in jedem der 26 Bundesstaaten sowie im Distrito Federal je ein Senator.

der PSB Eduardo Campos' insgesamt 11 Prozent und 53 Sitze.[14] Darüber hinaus kamen noch fünf weitere Parteien ins Parlament, die keiner Koalition angehörten. Übrigens, bei einer wie in Deutschland geltenden fünf Prozent Hürde, wären lediglich sieben Parteien ins Parlament gekommen. In Brasilien reichten der PRTB 0,47 Prozent für einen Sitz.

Von der Politik ist trotz großer Versprechen für die nächsten Jahren deshalb wenig zu erwarten. Große Reformen, wie eine neue Verfassung oder ein geändertes Wahlsystem, sind bei diesen Mehrheitsverhältnissen fast nicht möglich. Es wird eher weiter gewurschtelt und bald wieder für Abstimmungen Mehrheiten „organisiert" werden. Kuhhändel und Lösungen mit dem kleinsten gemeinsamen Nenner sind somit vorprogrammiert. Gut, dass es daneben eine immer selbstbewusstere und fordernde Gesellschaft gibt, die ihren Politikern nicht mehr alles durchgehen lässt. Sie hat ein besseres, gerechteres und transparenteres politisches System verdient. Sollte es da keine Fortschritte geben, wird wieder jemand „Vem Pra Rua" in irgendeine Internetseite „hacken".

[14] Die Wahlkoalition bestand aus sechs Parteien, von denen fünf ins Parlament kamen.

Deutschbrasilianer und Hunsrückisch

Die Reise ins deutsche Brasilien beginnt am Flughafen von Porto Alegre, der Hauptstadt des Bundesstaates Rio Grande do Sul. Nördlich der südbrasilianischen Metropole liegt eines der Hauptgebiete deutscher Einwanderung, die sich 2014 zum 190. Mal jährte. Nach der Unabhängigkeit Brasiliens im Jahr 1822 trieb Kaiser Pedro I. in mehreren südlichen Bundesstaaten die Besiedlung und die landwirtschaftliche Nutzung voran, um die nationale Einheit zu stärken. Ab 1824 wurden in Deutschland und später auch in Italien Auswanderungswillige angeworben. (siehe Curi, S. 24). Mit Zahlen ist es schwierig, Kunath geht davon aus, dass „egal ob sie noch ein paar Brocken Deutsch herausbringen oder nicht, heute etwa fünf Millionen als teuto-brasileiros gelten“ (Kunath, S. 34). Der Großteil der deutschen Einwanderer nach Südbrasilien kam aus dem Hunsrück, den man geographisch ruhig großzügig auslegen darf. Die zweite große deutsche Einwanderergruppe waren die Pommeraner, deren Nachkommen mehrheitlich im Bundesstaat Santa Catarina leben. In Blumenau, wo das zweitgrößte Oktoberfest der Welt gefeiert wird, leben die meisten deutschstämmigen Brasilianer. Anders als das Münchner Oktoberfest ist die Blumenauer Variante aber jüngeren Datums. Die 1850 vom Apotheker Hermann Blumenau gegründete Stadt, die heute um die 300.000 Einwohner zählt, erlitt 1984 schwere Schäden nach einem Hochwasser. Um Geld in die Stadtkasse zu bekommen und die Moral zu heben, wurde deshalb im gleichen Jahr zum ersten Mal ein Oktoberfest gefeiert. Deutsche Wurzeln und Brauchtum, so wie es heute begründet wird, waren nicht entscheidend.

Die Autofahrt vom Flughafen in Richtung Novo Hamburgo ist alles andere als pittoresk. Hässliche Industrieanlagen und Vorstädte reihen sich an dicht befahrenen Autobahnen aneinander. Es dauert eine ganze Weile bis man aus Porto Alegre rauskommt. Die nächste Stadt São Leopoldo, in der es ein Museum über die deutsche Einwanderung gibt, sieht von der Autobahn nicht besser aus, hauptsächlich Fabriken und gesichtslose Stadtteile. Nach etwa 35km ist dann die erste Station meiner näheren Beschäftigung mit der deutschen Einwanderung erreicht, Novo Hamburgo, das außer dem Namen mit der Hansestadt eigentlich nichts gemeinsam hat. Der Name wurde gewählt, weil die meisten Einwanderer über Hamburg nach Brasilien kamen, Hamburger waren aber kaum darunter. Novo Hamburgo liegt weder an einem großen Fluss, noch hat es eine miese Erstligamannschaft wie die Namensgeberin. Novo Hamburgo ist die „Hauptstadt des Schuhs."

Der Chef der Schuhe ist Luis Lauermann, Bürgermeister mit deutscher Abstammung. Zur Begrüßung spricht er zunächst etwas Hunsrückisch, wechselt dann aber ins Portugiesische, nicht nur, weil es ihm leichter fällt, sondern weil auch noch andere Mitarbeiter der Stadtverwaltung anwesend sind. „Mein Vater hat Portugiesisch erst richtig beim Militär gelernt. Auch ich konnte bis zum Schuleintritt kaum Portugiesisch. Aber in der jüngeren Generation ist das anders, da dominiert Portugiesisch." Lauermann kommt wie der ehemalige brasilianische Präsident Lula aus der Gewerkschaftsbewegung. 1990 hat er auf Einladung des DGB Deutschland besucht. Er war auch in Trier, wichtig für einen Marxisten wie ihn. Danach war Lauermann nicht mehr in Deutschland.

Luis Lauermann, Bürgermeister von Novo Hamburgo.

Nach Lauermanns Meinung spielt in der lokalen Politik die Herkunft heute keine Rolle mehr: „Das ist eine positive Entwicklung, die Bürger geben ihre Stimme nach politischer Präferenz und nicht nach ethnischer Zugehörigkeit. Die größten Angriffe vor der Wahl gegen mich waren, dass ich nicht aus Novo Hamburgo stamme, sondern aus der nahe gelegenen Kleinstadt Ivoti."

Nach dem Treffen in der Stadtverwaltung, einem weitgehend ungeheizten Hochhaus, die meisten MitarbeiterInnen behalten deshalb bei ca. 12 Grad Außentemperatur im Juni die Mäntel an, ging es weiter zu Felipe Kuhn Braun, der trotz seines jugendlichen Alters, noch keine 30, schon zehn Bücher zur deutschen Einwanderung in und um Novo Hamburgo veröffentlicht hat.[15]

Kuhn begann sich mit der deutschen Einwanderung nach Südbrasilien zu beschäftigen, nachdem er von seiner Großmutter eine Kiste mit etwa 50 alten Fotos geerbt hatte. „Das Problem war, die Personen auf den Fotos zu identifizieren. So begann ich zu fra-

[15] Zwischen der Reise und der Veröffentlichung dieses Buches hat Felipe noch ein Buch über die Kleinstadt Dois Irmãos veröffentlicht. Er veröffentlicht im Schnitt drei Bücher pro Jahr.

gen, zuerst innerhalb der Familie, dann verwandte Familien usw..“ Kuhn schrieb dann ein Buch über seine Familie. „Ich interessiere mich sehr für Genealogie“, erklärt er in seinem Wohnzimmer. Später befasste er sich mit den Geschichten anderer Familien und Gemeinden, z.B. Linha Nova. Dabei war hilfreich, dass ihn jeweils jemand in die lokale Gemeinde einführte. „Wenn du einfach so an die Tür klopfst, funktioniert das in der Regel nicht. Wenn du aber nur einen von deiner Recherche überzeugst, dann geht das wie im Schneeballsystem weiter.“

Kuhn arbeitet im richtigen Leben in der Presseabteilung des Regionalparlaments von Porto Alegre, „von Büchern kann man ja nicht leben.“ 2007 hat er auch Deutschland besucht, vor allem die Herkunftsregionen der Teuto-Brasilianer, Hunsrück, Saarland und Umgebung. Er war aber auch in Argentinien und Paraguay, wo ein Teil der Hunsrücker hingezogen ist, als es wirtschaftlich in Brasilien nicht rund lief.

Kuhn hat Deutsch nicht mehr in der Familie gelernt, sondern dazu an der Universität Kurse besucht. Er beklagt, dass vor allem in Novo Hamburgo kaum noch Deutsch gesprochen wird und sich auch nur wenige für die Geschichte der Einwanderer interessieren. Der schwierigste Abschnitt dieser Geschichte waren die letzten Jahre des Zweiten Weltkriegs. Vor allem nachdem Brasilien im August 1942 den Achsenmächten (Deutschland, Japan) den Krieg erklärt hatte, kam es zu Demonstrationen und Übergriffen gegen Geschäfte die irgendwie deutsch, italienisch oder japanisch aussahen (siehe Kunath, S. 45). Glüsing gibt Beispiele aus Rio, wo „deutsche Restaurants, Clubs und andere Institutionen ihren Namen ändern mussten. Aus der Bar Adolf wurde die Bar Brasil. Deutsche durften aus militärstrategischen Gründen nicht an der Küste siedeln, viele wurden als Spione verhaftet“ (Glüsing, S. 28).

Die Unterstützung für die NSDAP unter den Deutsch-Brasilianern rund um Novo Hamburgo konnte Kuhn lediglich mit zwei Fotos von Nazi-Veranstaltungen belegen: „Nach dem Krieg wollte verständlicherweise niemand mehr damit in Verbindung gebracht werden. Man spricht nicht gerade offenherzig über diese Zeit.“ Für Kuhn waren vor allem die noch in Deutschland Geborenen für den Nationalsozialismus empfänglich, die brasilianischen Deutschen dagegen deutlich weniger. Vor allem auf dem Land sei das kein großes Thema gewesen.

Das deckt sich mit den Zahlen zur NSDAP-Mitgliedschaft in Brasilien. Kunath gibt diese mit 2822 Mitgliedern an (Kunath, S. 48). Damals lebten noch etwa 100.000 in Deutschland Geborene in Brasilien neben deutlich mehr Deutschbrasilianern. Unter insgesamt 400.000 Personen wären das weniger als ein Prozent NSDAP-Mitglieder gewesen. Andererseits so der Historiker René E. Gertz, „ist auch nicht sehr viel Opposition zu finden. Die Nazis, die anfangs mit Hakenkreuzfahnen und Uniformen durch die Straßen spazierten, hatten wohl keine besondere Wertschätzung, stießen aber wohl auch kaum auf Widerstand als sie die deutschen Vereine übernahmen“ (zitiert in Kunath, S. 53).

Die Stellung der Deutschstämmigen innerhalb der brasilianischen Gesellschaft, so der Historiker Gertz, normalisierte sich erst in den 70er Jahren und das ausgerechnet in der Militärdiktatur. 1974 trat der deutschstämmige, protestantische General Ernesto Geisel das Amt des Präsidenten an, und „damit wurden die Deutsch-Brasilianer auch wieder salonfähig“ (Kunath, S. 60). Aber durch den während der Weltkriege auf die Teuto-Brasilianer ausgeübten Druck, hat auch ihre Muttersprache stark gelitten. Bis zum Beginn des Zweiten Weltkriegs lebten die meisten Deutschen in Südbrasilien auf dem Land. Modern gesagt waren das Parallelwelten, in denen nur wenig Portugiesisch gesprochen und die Traditionen gepflegt wurden. Das in den deutschen Inseln gesprochene Deutsch verselbständigte sich von dem in Deutschland gesprochenen Hunsrückisch immer mehr und nahm auch portugiesische Wörter und grammatikalische Formen an. Darüber hinaus war in dieser deutschen Parallelwelt etwa die Hälfte lutheranisch, was damals ähnlich exotisch war wie heute die brasilianischen Muslime. Beim ersten offiziellen Zensus von 1872 bezeichnete sich 99,7 Prozent der Bevölkerung als katholisch.

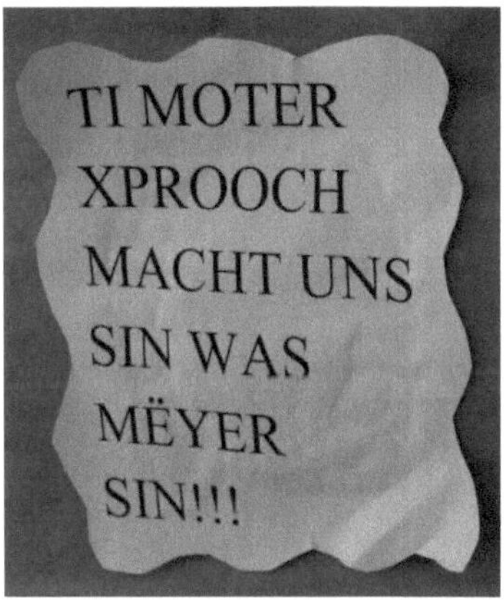

Zwar ist Deutsch aus den größeren Städten weitgehend verschwunden, in den kleinen Ortschaften rund um Novo Hamburgo, hat es aber auch die Weltkriege, die Einführung des Radios und Fernsehens und ein flächendeckendes brasilianisches Schulsystem, überlebt. Um in die Hauptstadt des Hunsrückischen zu kommen, muss man von Novo Hamburgo weiter nach Norden fahren. Denkt man sich die Palmen weg, könnte das Gebiet zwischen Reitersberg und Teewald auch ein deutscher Wald sein. Letzterer Ort sollte eigentlich Tannenwald heißen, aber der Name war schon vergeben. Für brasilianische Verhältnisse ist es jetzt auch recht kühl. Im Juni ist in Brasilien Winter und im Hauptsiedlungsgebiet der Deutschbrasilianer gehen die Temperaturen nachts bis auf fünf Grad herunter. Nicht nur die Temperatur ist eher deutsch als brasilianisch, auch die Küche: „Morgen gibt es Kartoffelküchle", sagt Solange Hamester Johann vom „Projekt Hunsrück" im von ihr geschaffenen „Museum der Germanischen Architektur" in Teewald, das auf Portugiesisch Santa Maria do Herval heißt. Hamester Johann ist die Seele und Leiterin des Projekts, dessen Haupterrungenschaft es ist, Hunsrückisch in den Lehrplan der Grundschulen rund um Teewald eingeführt zu haben. Mit Hilfe der deutschen Linguistin

Ursula Wiedemann, die fünf Jahre in Teewald gelebt hat, wurde eine spezielle Orthographie erarbeitet, die auf der portugiesischen Aussprache aufbauend, den Dialekt so schreibt, dass ihn Kinder leicht erlernen können. Das sieht dann z.B. so aus: „Yeete Folek mus ti importans fon sayn moter xprooch wise“ (Jedes Volk muss die Wichtigkeit seiner Muttersprache wissen). Dieser Satz hängt an der Wand am Eingang der Grundschule Castelo Branco, eine der Schulen, in denen bis zur 5. Klasse Hunsrückisch auf dem Lehrplan steht. 2007 wurde Hunsrückisch von der UNESCO sogar als eigene Sprache in Brasilien anerkannt, Code hrx. Im Juli 2012 hat das Regionalparlament in Porto Alegre mit dem Gesetz 14.061 die „Lingua Hunsrik“ als historisches und kulturelles Erbe Rio Grande do Suls gewürdigt. Der Abgeordnete João Fischer, einer der Initiatoren dieses Gesetzes, hat dazu eine kleine bilinguale Broschüre herausgebracht, in der er Hunsrückisch vorstellt:

> *„Es sin xon 185 yoer heyer tsayt tas ti eyerxte Xermanixe layt in Prasil kewanert khom sin ... un hon, aach mit heroismus, sayn muter xprooch pehal, tii woo pis hayt, in te kemaynte woo se kekrint hon, kexproch wert, un tii xproche hon sich tsimlich al am Hunsrick aankepast ...“ (Seite 6 der Broschüre).*

Solange Hamester Johann ist stolz auf die Schulen und ihre Grundschüler, die noch den alten Dialekt sprechen. „Wir sehen jeden Tag, dass es richtig war, diesen Weg zu gehen, die Kinder lernen es einfach leichter.“ Das Sprachniveau der Kinder ist aber sehr unterschiedlich. Man merkt, wer Hunsrückisch noch zu Hause mit Eltern oder Großeltern spricht und wer es nur zwei Stunden pro Woche als „Fremdsprache“ lernt. Mit Hochdeutsch haben die Kinder so ihre Schwierigkeiten, Hamester Johann übersetzt mein Deutsch ins Hunsrückische.

Über 100 Jahre altes „deutsches“ Haus bei Teewald / Santa Maria do Herval.

Nach dem Schulbesuch fahren wir mit ihr dann noch über die Dörfer und halten hier und dort. Wir lernen dabei eine deutsche Familie in einem über hundert Jahre alten Haus kennen, das fast zu kitschig aussieht, um echt zu sein. Wir machen ein bisschen small-talk auf Hunsrückisch-Deutsch, gehen hinters Haus und bewundern den kleinen See, in dem der Hausbesitzer gerne angelt. Weiter, die Straße wieder zurück nach Teewald, halten wir im lokalen Tante-Emma-Laden, in dem nur die Älteren noch fließend Hunsrückisch sprechen. „Hier gibt's einfach alles“, übertreibt Solange maßlos vor halbleeren Regalen. Wir müssen uns ein bisschen sputen, um im angesagtesten Restaurant von Teewald noch die Kartoffelküchle abzubekommen. Wir schaffen es auch. Hier und da hört man Hunsrückisch, auch mal ein paar Sätze Hochdeutsch, weil einige der Deutschbrasilianer entweder zu Besuch, Arbeit oder Studium in Deutschland waren und sich freuen, davon in der Sprache der „alten“ Heimat berichten zu können.

Gestärkt von Kartoffeln in verschiedenster Ausführung treffen wir Rodrigo Fritzen, den Bürgermeister von Teewald und seinen Stellvertreter, der für die Ausrichtung des örtlichen Kartoffelfestes zuständig ist. Teewald wirbt damit, die „Hauptstadt der Kartoffel" zu sein. Fritzen spricht fließend Hunsrückisch und erzählt, dass er es sowohl im Wahlkampf als auch im Amt regelmäßig benutzt, bei persönlichen Gesprächen, aber auch bei öffentlichen Reden: „Das kommt sehr gut an, die Menschen freuen sich, wenn sie in ihrer Muttersprache angesprochen werden. Ich versuche es, so häufig es geht, einzusetzen", erzählt Fritzen bei einem Schluck Mate. „Eigentlich sollte ich nicht so viel Mate trinken, aber zur Feier des Tages, mache ich mal eine Ausnahme." Die Deutschbrasilianer wie die anderen Südbrasilianer heißen „gaúchos" (ga-u-schos gesprochen) genauso wie die Argentinier und trinken wie diese literweise Mate. Neben der Ausrichtung des Kartoffelfestes arbeitet Fritzen vor allem am Ausbau der Infrastruktur. Bei der Wasserversorgung hapert es noch, weil „einige Höfe so abseits liegen, dass sie nicht an das Wassernetz angeschlossen sind. Sie versorgen sich nur über Brunnen."

Unsere erste und letzte Station in Teewald ist das „Museum Germanischer Architektur", Solanges Refugium.[16] Auf den Tichen liegen Publikationen, die Solange und ihre Gruppe in Hunsrückisch her-

[16] Auf dem Foto links Solange Hamester Johann mit Mabel Dewes, die ebenfalls im Projekt Hunsrik aktiv ist.

ausgebracht haben, wie die Einführungsbroschüre „Mayn Eyerste 100 Hunsrik Werter." Das sich an Kinder richtende Buch erklärt die ersten Wörter mit Hilfe von Bildern. Dazu gehören z.B. „Ti Unerhos, tas Meetche, tas Himt, te Tix, Ti Panan, Tas Aay, tas Peen, ti Tseye, ti Sayf oder ti Paat Xisel." Im Anhang gibt es Hilfestellungen für die LehrerInnen was die Aussprache, Schreibweise und Übersetzungen anbetrifft. Auch das jüngste Projekt, eine Übersetzung des „Kleinen Prinzen" von Saint-Exupéry ist schon als einfache schwarz-weiß Kopie verfügbar und wird bald als Büchlein erscheinen. Der Name des Museums erklärt sich im Erdgeschoß, wo zahlreiche Modelle deutscher Häuser ausgestellt sind, nicht nur aus Teewald, auch aus anderen Ortschaften der Region: Ehemalige deutsche Schulen und Einrichtungen, die vor den Weltkriegen auch deutsche Namen hatten. Auf dem Computer im Obergeschoß hat Solange ihre Radiosendung gespeichert, in der sie wöchentlich auf Hunsrückisch Nachrichten aus der Region unters Volk bringt. Hunsrückisch läuft in mehreren regionalen Sendern verschiedener Bundesländer.

Trotz dieser Entwicklungen glaubt Felipe Kuhn Braun, dass die Zahl der Deutschsprecher in der Region weiter abnehmen wird. Für die Bewahrung der Sprache kommt es sehr darauf an, wie sich lokale Führungspersönlichkeiten verhalten. Manche Bürgermeister förderten Deutsch oder Hunsrückisch bei Veranstaltungen und in Schulen, andere nicht. Dabei spiele es kaum eine Rolle, ob die Person selbst deutscher Herkunft ist. „Der ehemalige Bürgermeister von Dois Irmãos war Deutscher und hat alle Aktivitäten für den Erhalt der Sprache eingestellt. Die jetzige Bürgermeisterin ist eine Afro-Brasilianerin, die diese Aktivitäten voll unterstützt."

Natürlich war Anfang Juni vor dem Beginn der Fußball-WM auch in Teewald, beim Bürgermeister in Novo Hamburgo und der Familie Pickbrenner eines der wichtigsten Gesprächsthemen die Weltmeisterschaft. Auf Hochdeutsch sagt Margot Pickbrenner, dass „wir natürlich unser schönes Brasilien unterstützen, keine Frage." Die Schulkinder in Teewald vergessen bei der Frage, wer gewinnen sollte, dass sie eigentlich auf Hunsrückisch antworten sollten und rufen wie im Chor „Brasil, Brasil." Das war vor dem 8. Juli 2014.

Exkurs: Besuch bei den Pickbrenner-Mombergers

Novo Hamburgo, ein ruhigeres Wohnviertel mit Einfamilienhäusern. Am Haus eine ungewöhnliche Klingelkonstruktion. Über eine längere Schnur wird eine Glocke bedient. Margot Momberger, die „Tochter" des Hauses begrüßt uns zusammen mit einem ihrer zahlreichen Hunde. Das Haus erstreckt sich leicht am Hang gelegen auf drei Stockwerke, von denen das unterste einen eigenen Eingang hat, wo der Bruder lebt. Im ersten Stock lebt Margo oder Margot mit ihrer Mutter, Eva Pickbrenner Momberger.

Die Familie ist in vielerlei Hinsicht eine Besonderheit in Novo Hamburgo unter den deutschen Einwanderern: - Die Familie spricht untereinander dialektfreies Deutsch, also kein Hunsrückisch, wie die Mehrheit der Einwanderer - Eva Pickbrenner Momberger wurde noch in Deutschland geboren, 1915. „Die Familie kam 1912 wegen Malariaausbrüchen aus Namibia wieder zurück nach Deutschland." Walter Pickbrenner, ihr Vater, wanderte aus Pommern nach Namibia aus und begann dort als Bäcker der deutschen Armee in Omaruru. Später hatte er eine Farm und betrieb sowohl Land- als auch Viehwirtschaft. Die ersten Kartoffeln der Region wurden von ihm angebaut.

Eva Pickbrenner als junges Mädchen (auf dem Foto links stehend) und 99jährig in ihrem Haus in Novo Hamburgo.

Zurück in Deutschland lebte die Familie in der Nähe von Frankfurt an der Oder. Walter kämpfte an der Front. Das Schicksal der Familie wandelte sich erneut 1922. Zuerst zerstörte ein Brand fast die gesamte Ernte und darüber hinaus „herrschte eine hohe Inflation, die unser Erspartes auffraß. Wir wollten eigentlich nach Kanada auswandern, das ging aber rechtlich nicht. So kamen wir nach Südbrasilien," erzählt die 99-jährige Eva im Wohnzimmer mit einem der handlicheren Hunde auf dem Schoß. Wieder war die erste Arbeitsstelle des Vaters eine Bäckerei, in der Stadt Gramado, das brasilianische Cannes, in dem seit 1973 ein jährliches Filmfestival viel Glamour in die hochgelegene Kleinstadt bringt.

Den Zweiten Weltkrieg haben sowohl Mutter Eva als auch ihre Tochter Margo(t) in Brasilien erlebt. Margo erzählt, dass sie kein Trauma aus dieser Zeit habe, obwohl deutsche Schulen verboten waren. Aber einschneidende Erlebnisse gab es schon: „Eine Lehrerin sagte, dass sie aus den Deutschen am liebsten Gulasch machen wollte." Eva erinnert sich, dass „es in den fast rein deutschen Dörfern nicht so schlimm war, aber in den größeren Städten wurde auf der Straße kein Deutsch mehr gesprochen. Oft hing es davon ab, welche Nachbarn man hatte, manche hassten Deutsche und zeigten das auch."

Eva hatte bis zum Ende des Zweiten Weltkriegs nur die deutsche Staatsbürgerschaft. Für einen Besuch am Strand brauchte sie deshalb während des Kriegs eine Sondergenehmigung. Margo war schon in Brasilien als brasilianische Staatsbürgerin geboren. Sie arbeitete nach dem Krieg als Musiklehrerin an Schulen und Universitäten und leitete über 26 Jahre einen Chor, von denen es in Novo Hamburgo zahlreiche gibt, wie auch Bürgermeister Luis Lauermann betonte. Die meisten Chöre in Brasilien sind ein Erbe deutscher Tradition. Margo führte auch Werke von Carl Orff auf, zusammen mit kleinen Orchestergruppen.

Mit Margo(t) Momberger und Felipe Kuhn Braun.

Die Familie war seit 1922 einige Male in Deutschland, Margo studierte dort Musik. Sie war danach noch einige Male in der alten Heimat. Über Zeitungsabos werden die Pickbrenners immer noch über Entwicklungen in den Heimatgemeinden auf dem Laufenden gehalten. Auch wenn die Teuto-Brasilianer, die noch Deutsch sprechen, an Zahl abnehmen, finden die beiden Frauen noch Gelegenheiten, es auch außerhalb der Familie zu sprechen. Eva trifft immer noch wöchentlich eine Gruppe von ca. 10 deutschen Frauen in Gramado. Es gibt aber auch Deutschsprechende in Novo Hamburgo, „immer weniger, aber ein paar gibt es noch."

Islam in Brasilien

Muslime im Sündenpfuhl

Der Islam in Brasilien ist eine der kleineren Religionsgemeinschaften, kann aber auf eine bewegte jahrhundertealte Geschichte zurückblicken. Die muslimische Gemeinde in Jundiaí bei São Paulo gibt es seit dem Ersten Weltkrieg, eine Moschee mit Minarett seit 1991. Der Scheich-Imam ist ein Libanese, der seit 1970 in Brasilien lebt. In seiner Predigt, macht er die Zionisten für die Übel der Welt verantwortlich, „20 Millionen kontrollieren sieben Milliarden."

Brasilianer rühmen sich gerne ihrer toleranten Vielfalt. „Todos irmãos", wir sind alle Brüder, sagt Sales Cordeiro während der Fahrt vom Busbahnhof ins Zentrum von Jundiaí. Sales lebt seit 40 Jahren dort und kam wie viele aus dem armen Nordosten in die Boomregion rund um São Paulo. „Die verschiedenen Religionsgemeinschaften leben friedlich miteinander, ob Katholiken, Evangelikale, Muslime oder Buddhisten, hier ist das kein Problem." Was den Islam anbetrifft, ist das Wissen aber durchaus begrenzt. Der Taxifahrer beantwortet die Richtungsangabe „zur Moschee bitte" mit „was sind das nochmal für Gläubige?" „Muslime." „Ahh, dann weiß ich, wo es ist."

Die Moschee ist mit ihrem großen Minarett und den Kuppeln schon von Weitem sichtbar. Sie liegt an einer vielbefahrenen Kreuzung, wo sie 1991 erbaut wurde. Gegenüber liegt eine evangelikale Kirche und gleich daneben der Volkswagen-Händler. Das Freitagsgebet wird gleich beginnen, der Muezzin setzt zur Mihrab gewandt zum Ezan an, der über Lautsprecher auch nach draußen übertragen wird. Das erläutert mir Mohamad Taha , der in einer Bank am anderen Ende der Stadt arbeitet. Im Moscheeraum befinden sich etwa 30 Männer, oben in der Galerie noch 5 Frauen. Bis zum Ende der Predigt wird die Zahl der Gläubigen auf insgesamt 50 anwachsen. Das Fassungsvermögen der Moschee beträgt gut 300. Viele Gläubige kommen in der Mittagspause, es ist ein Kommen und Gehen.

Muslimische Sklaven schon im 16. Jahrhundert in Brasilien

Die ersten Muslime, die nach Brasilien kamen, waren Mauren, die aus Portugal Anfang des 16. Jahrhunderts vertrieben wurden. Die zweite Gruppe kam auch ab dem 16. Jahrhundert ins Land, dabei handelte es sich über die folgenden 400 Jahre fast ausschließlich um afrikanische Sklaven, die mehrheitlich an der Küste rund um die erste Hauptstadt Salvador oder in der zweiten Hauptstadt Rio de Janeiro lebten. Als 1865 der osmanische Schiffsimam Abdurrahman Efendi auf einem vom Winde verwehten osmanischen Kriegsschiff in Rio landete, wunderte er sich, dass es in Brasilien Muslime gab und die dortigen Muslime staunten, dass es auch weiße Muslime gab. Die Sklaven mussten ihre Religion im christlichen Brasilien heimlich ausüben. Es gab keine Vorbeter oder Prediger, die den Gläubigen die Gebote und Verbote ihrer Religion vermitteln konnten. Mit der Zeit schwand deshalb das Wissen über die religiösen Regeln des Islam und seltsame Vorstellungen und Gebräuche traten an ihre Stelle: Diese „Verrücktheiten“ beobachtete Abdurrahman Efendi: „Die Frauen unterscheiden sich nicht von den Christinnen und laufen offen herum. ... Für die Muslime hier gilt Tabak als verboten, Alkohol aber als erlaubt. ... Sie glauben, dass man Muslim nur nach Zahlung von Goldmünzen werden kann“, notierte er in seinem Reisebericht, den er 1871 nach fünf Jahren Brasilienaufenthalt verfasste. Abdurrahman lebte drei Jahre in Rio, ein Jahr in Salvador und eines in Pernambuco. Seine Bilanz fiel ernüchternd aus: „Ich bin sehr ermüdet von dem traurigen Zustand der Muslime. Wenn man dazu noch die Sehnsucht nach den Freunden hinzufügt, war ich gezwungen, zurück zu kehren.“[17]

[17] Mehr über den Reisebericht Abdurrahmans im übernächsten Kapitel.

Seitdem hat sich Vieles geändert. Heute würde Abdurrahman Efendi wohl nicht mehr über den traurigen Zustand der brasilianischen Muslime klagen. Nach seiner Rückfahrt ins Osmanische Reich sind aber noch etwa 45 Jahre vergangen, bis Muslime in größerer Zahl nach Brasilien einwanderten. Im Ersten Weltkrieg kamen Muslime, die aus dem Osmanischen Reich, vor allem aus dem Libanon und Syrien flohen, auch nach Brasilien. Damit beginnt auch die Geschichte der Muslime in Jundiaí: „Es gab hier schon vor über 90 Jahren muslimische Familien aus dem Libanon und Palästina", erläutert Imam Ahmad Amine El Orra, den hier alle Scheich nennen, nach der Freitagspredigt. „Die Nachkommen dieser Muslime bilden immer noch den Kern der lokalen Gemeinde, aber über 90 Prozent sind mittlerweile brasilianische Staatsbürger und nur noch knapp die Hälfte versteht überhaupt Arabisch." El Orra kam 1970 aus dem Libanon nach São Paulo. Er folgte seinen Brüdern, die schon früher ihr Glück in Brasilien versucht hatten. Seit 1981 ist er in der Gemeinde von Jundiaí aktiv, die damals noch in einer Wohnung beten musste. Jetzt kommt er für die Freitagspredigt aus São Paulo angereist, wo er den Rest der Woche lebt und arbeitet. El Orra hat keine formale islamisch-theologische Ausbildung. Im Islam ist das für einen Vorbeter oder Prediger auch nicht erforderlich. Seine Predigt beginnt er auf Arabisch, wechselt dann aber ins Portugiesische.

Inhaltich drehte sich die Predigt hauptsächlich um die Vorbereitungen für den Ramadan (Fastenmonat). Aber er behandelte darin auch allgemeinere Themen, zu denen er seine Vorstellungen kundgab:

„Die Welt hat sieben Milliarden Einwohner, aber 20 Millionen Zionisten kontrollieren alles. Nicht, weil sie so intelligent sind, sondern weil sie sich zusammen schließen."

Im anschließenden Gespräch wird deutlich, dass er auch vom Christentum nicht allzu viel hält. *„Gott hat keinen Sohn und keine Verwandten. An solche Dinge zu glauben und Heilige anzubeten ist Müll (lixo)."* Aber auch seine gesellschaftlichen Ansichten passen in ein sehr konservatives Weltbild: *„Wenn man Gottes Weg verlässt, dann kommt man auf so abstruse Ideen, Männer mit Männern und Frauen mit Frauen zu vermählen."*

Offiziell nur 0,02 Prozent der Brasilianer Muslime

Der Islam ist zwar eine der am stärksten wachsenden Religionsgemeinschaften in Brasilien, aber auch eine der kleinsten. Bei den Zahlen gibt es große Diskrepanzen. Laut offizieller Volkszählung lebten 2010 in Brasilien 35.167 Muslime. 1991 waren es 22.450 und 2000 27.239. Damit machen Muslime weniger als 0,02 Prozent der brasilianischen Bevölkerung aus. Muslimische Verbände wie die Nationale Union der Muslimischen Vereinigungen (UNI) sprechen von 1,5 Millionen Muslime. Wie sie auf diese so viel höhere Zahl kommen ist aber nicht klar. Aber auch 1,5 Millionen wären noch nicht einmal ein Prozent der Bevölkerung.

Brasilien ist für Karneval, Freizügigkeit, leicht bekleidete Frauen und Hochprozentiges bekannt. Wie kommt die noch winzige Minderheit der Muslime damit zurecht? „Das ist schon schwierig", klagt der Imam. „Man kann das damit vergleichen, dass alle in eine Richtung schwimmen, nur die Muslime schwimmen gegen den Strom. Der Islam ist in diesem Umfeld wie eine kleine saubere Pflanze, die es gilt zu hegen und zu pflegen, damit sie nicht zertreten wird und weiter wächst."

Islam in Brasilien immer stärker brasilianisch geprägt

Parallel zur muslimischen Bevölkerung nimmt auch die Zahl der Moscheen und islamischen Institute zu. Die erste Moschee wurde 1952 in São Paulo eingeweiht, 2005 waren es 70, heute zählt die UNI 115 Moscheen in ganz Brasilien.
Untersuchungen der UNI zusammen mit Universitäten aus Rio und São Paulo belegen zudem eine kontinuierliche „Brasilianisierung" des Islam. Waren in Rio de Janeiro 2003 noch 50 Prozent der Muslime Einwanderer aus dem Nahen Osten, sank deren Anteil 2014 auf nur noch 15 Prozent. Ähnlich sind die Zahlen in Salvador und São Bernardo do Campo. Daher wird es auch immer wichtiger, dass Imame des Portugiesischen mächtig sind. Laut UNI gab es davon 2004 lediglich 5, 2014 wuchs deren Zahl auf immerhin 15, von denen 7 bereits in Brasilien geboren sind. Die UNI wurde vor acht Jahren im Stadtteil Brás in São Paulo gegründet, mit dem Ziel, die Muslime Brasiliens besser zu organisieren und den Austausch über die riesigen Distanzen zu verbessern.

Mit der Brasilianisierung des Islam sollte aber nicht nur die Sprache und die Unterstützung für die brasilianische „seleçao“ gemeint sein, sondern auch die Übernahme demokratischer Werte und das Verbot der Diskriminierung (anderer Religionen), wie es die brasilianische Verfassung vorsieht. Die Ausführungen des Imams von Jundiaí werden zwar in fast perfektem Portugiesisch vorgetragen, fördern aber nicht gerade das Zusammenleben mit der Mehrheitsgesellschaft. Eine normative Brasilianisierung wäre daher durchaus wünschenswert.

Ramadan in Recife

Die kleine muslimische Gemeinde der brasilianischen Metropole Recife trifft sich abends im einzigen muslimischen Zentrum der Stadt zum iftar (Fastenbrechen), einige bleiben bis zum sahur (letzte Mahlzeit vor Sonnenaufgang). Auf Grund wirtschaftlicher Probleme in Argentinien in den letzten Jahren, sind die meisten Muslime Recifes Senegalesen, die aus Argentinien nach Recife kamen.

Spätestens seit dem 26. Juni 2014 ist der Name Recife auch weiteren Teilen der deutschen Öffentlichkeit bekannt. Damals gewann die deutsche Nationalmannschaft knapp mit 1:0 gegen die USA in der Arena Pernambuco (Name des Bundeslandes) vor den Toren der Stadt. Recife, das sich vom Wort Riff ableitet, ist die fünftgrößte Stadt Brasiliens, die mit ihrem Einzugsgebiet etwa 3,7 Millionen Einwohner hat. Dazu gehört das nördlich gelegene Olinda, das seit 1982 wegen seiner schönen Altstadt UNESCO Weltkulturerbe ist.

Für brasilianische Verhältnisse ist Recife eine eher ältere Stadt. Bereits 1537 siedelten dort Portugiesen, von 1630 bis 1654 herrschten die Niederländer. In dieser Zeit, genau im Jahr 1636, wurde hier die erste Synagoge Amerikas erbaut, in der Altstadt, die auf zwei Inseln verteilt liegt, weshalb Recife ziemlich übertrieben auch das Venedig Brasiliens genannt wird.

Gar nicht weit von der Synagoge, die seit 1991 ein Museum ist, befindet sich das muslimische Zentrum der Stadt, in der Rua da Glória. Die „Straße des Ruhms“ gehört noch zur weiteren Altstadt, befindet sich aber nicht auf den Inseln, sondern auf dem Festland. Das mit dem Ruhm scheint schon etwas länger her zu sein. Der Putz bröckelt von den älteren, meist zweistöckigen

Häusern. Über der Nummer 353 hängt das Schild „Islamisches Zentrum von Recife.“

Das bescheidene Zentrum besteht aus einem langen Schlauch mit einem durchgehenden Korridor. In einem kleinen Zimmer am Eingang warten Imam Mabrouk Al Saway Said, der religiöse Führer der muslimischen Gemeinde, seine Frau und zwei brasilianische Muslime auf den Sonnenuntergang, der bereits um 18:15 Uhr erwartet wird. Es ist Winter in Brasilien und deshalb früh dunkel.

Gemeinsames Fastenbrechen in Recife.

Der Raum in der Mitte des Hauses wurde in einen Gebetsraum umgewandelt. Am hinteren Ende sind die Küche und die Badezimmer. Imam Mabrouk (75) ist Ägypter, der an der Al-Azhar Universität studiert hat. 1988 kam er nach São Paulo, um dort in einem islamischen Zentrum zu arbeiten. 1992 zog er um nach Recife und ist seitdem der lokale religiöse Führer. „Unsere Gemeinde besteht aus etwa 40 Familien, sowohl Brasilianer als auch Ausländer." Familien klingt gut, trifft aber auf viele der jungen Afrikaner nicht zu, die alleine nach Brasilien kamen und unverheiratet sind. Die afrikanischen Muslime kommen aus dem Senegal, aus Marokko, Algerien, Tunesien, Ägypten, seit Kurzem ist auch ein Kameruner dazu gekommen. Daneben gibt es aber auch Muslime aus Palästina, dem Libanon und dem Irak. Der Imam sagt, dass die Mehrzahl mittlerweile Brasilianer sind, aber beim Fastenbrechen sind diese eine kleine Minderheit von drei Personen, zwei Männern und einer Frau, neben etwa 20 Nicht-Brasilianern.

Eine waschechte Brasilianerin ist Maria Isabel, die aus einer Kleinstadt in der Nähe Recifes stammt. „Ich komme aus einer sehr konservativ-katholischen Familie. Mit Ende 30 habe ich aber gefühlt, dass mir im Katholizismus etwas fehlt: Die direktere Bindung zu Gott. Der Übertritt zum Islam war nicht leicht für mich und meine Familie, aber nach etwa drei Jahren haben sie es akzeptiert." Maria Isabel ist streng verschleiert und trägt eine hochgeschlossene langärmlige Bluse zum langen Rock. „Das ist nicht gerade die Art, wie sich Brasilianerinnen kleiden, vor allem nicht hier im feucht-warmen Nordosten. Die Leute gewöhnen sich nur schwer daran. Manchmal fragen sie mich, ob ich krank bin oder Ohrenschmerzen habe, aber ansonsten gibt es damit keine Probleme."

Ein anderer Konvertit ist Alberto, der vor acht Jahren zum Islam übergetreten ist und seitdem auch im Ramadan fastet: „Am schwierigsten war das erste Mal", sagt er bei Datteln und Kaffee. „Da weiß man noch nicht so, was einen erwartet und wie man sich am besten verhält, aber seit dem zweiten Mal ist es kein Problem mehr." Alberto erklärt, warum in der kleinen Gemeinde die Senegalesen in der Mehrzahl sind. „Unsere senegalesischen Brüder haben in Argentinien im Handel gearbeitet. Auf Grund der dortigen Wirtschaftskrise der letzten Jahre, kam erst einer nach Recife und holte dann einige seiner Landsleute nach."

Einer von ihnen ist Abu Bakr, der vor fünf Jahren nach Recife kam und in einem Import-Export Geschäft arbeitet. „Zur Zeit ist Fasten in Brasilien viel einfacher als im Senegal, da es weniger heiß ist und schon recht früh dunkel wird. Im Senegal ist iftar (Fastenbrechen) erst gegen 20 Uhr. Aber im brasilianischen Sommer ist das natürlich auch hier nicht einfach."

Eines der älteren Mitglieder der Gemeinde ist der Algerier Monhand Benachour, der schon seit 23 Jahren in Brasilien lebt und arbeitet. Benachour ist Professor an der Staatlichen Universität Pernambucos im Fachbereich Chemie-Ingenieurwesen. „Mittlerweile wissen meine Kollegen, was Ramadan bedeutet und fragen gar nicht mehr, ob ich essen oder trinken will. Es ist überhaupt kein Problem an der Universität, die Brasilianer sind sehr respektvoll und tolerant."

Im Ramadan ist das Zentrum, das bereits 1989 gegründet wurde, voller als gewöhnlich. „Die afrikanischen Arbeiter gehören nicht gerade zu den Spitzenverdienern, das zekat (Almosenabgabe) ermöglicht es ihnen, hier kostenlos zu essen und zu trinken. Die Kosten übernehmen die, die mehr haben," sagt der Imam nach den ersten Bissen und Einnahme einiger Tabletten.

In der „Straße des Ruhms" ist das Zentrum seit 1997. Es ist bis auf Sonntag täglich geöffnet und bietet neben der Gelegenheit zum Beten auch Arabisch- und Islamkurse an. In Zusammenarbeit mit der muslimischen Gemeinde in São Paulo, der mit Abstand größten des Landes, soll eine Moschee errichtet werden, die mehr Platz bietet und komfortabler ist. Im chaotischen und zugebauten Zentrum Recifes kein leichtes Unterfangen.

Der *Brasilianische Reisebericht* Abdurrahman Efendis

Der Reisebericht Abdurrahman Efendis ist ein einmaliges Dokument über die Situation der Muslime in Brasilien im späten 19. Jahrhundert. Er bietet aber darüber hinaus auch interessante Einblicke in das brasilianische Leben im Allgemeinen aus der Sicht eines Neuankömmlings. Nach Rückkehr ins Osmanische Reich schrieb er 1871 seine Erlebnisse in Arabisch nieder, seiner Muttersprache. Im Jahre 2013 übersetzte der türkische Verlag Kitabevi den Reisebericht ins Türkische mit dem neuen Titel „Die Ersten Muslime in Brasilien."

Abdurrahman stammte aus Bagdad, lebte dann in Damaskus und schließlich in Istanbul. Als Imam kam er in Kontakt mit der Marine. Nach Brasilien wollte er nie. Im September 1865 war er eigentlich als Schiffsimam von zwei osmanischen Kriegsschiffen auf dem Weg von Istanbul nach Basra am Persischen Golf. Da der Suez Kanal erst 1869 fertig gestellt wurde, mussten die Schiffe den extremen Umweg um Afrika nehmen. Abdurrahman erwähnt keine Details, aber die Flotte ist von der Westküste Afrikas durch starke Winde abgetrieben worden und landete schließlich in Rio de Janeiro, damals Hauptstadt mit etwa 270.000 Einwohnern.

Die osmanischen Schiffe legten am Hafen an. Am zweiten Tag beschlossen die Kommandanten, in die Stadt zu gehen. Abdurrahman schloss sich an: „Ich hatte das typische Ulema-Gewand (muslimischer Geistlicher) an. Ein Sudanese hat mich mit großem Respekt am Hafen gegrüßt." Abdurrahman Efendi konnte diesen Gruß nicht deuten, da der Mann westlich angezogen war und weder Arabisch noch Türkisch verstand. Am Folgetag besuchten Einheimische das Schiff, darunter auch Schwarze. Als diese das Schiff betraten, grüßten sie mit „Iyo Müslim." Da auf dem Schiff niemand Portugiesisch verstand, war zunächst keine Kommunikation möglich. Nachdem die Schwarzen mit einem Übersetzer zurück kehrten, war die Überraschung perfekt. „Die Schwarzen in Brasilien wunderten sich, da sie dachten, Islam sei eine Religion nur für Schwarze“ (Abdurrahman, S. 11). Daraufhin kamen weitere Einheimische an Bord. „Als wir zum Mittagsgebet aufstanden, sind auch sie aufgestanden. Alle haben dann abdest (rituelle Waschung vor dem Gebet) gemacht und mit uns gebetet. Da haben wir verstanden, dass auch sie Muslime waren“ (S. 20). Abdurrahman begriff aber schnell, dass nicht alle Afrikaner Muslime sind. „Die Zahl der Muslime unter den Schwarzen ist recht gering. Die Muslime wurden als Kinder von ihrer Heimat getrennt und leiden deshalb unter der Krankheit des Unwissens“ (S. 22). Bei einer Sache war sich Abdurrahman aber ganz sicher: „Die Schwarzen in Amerika stammen von afrikanischen Völkern ab“ (S. 21).

Die erste Begegnung Abdurrahman Efendis mit einer muslimischen Gemeinde ergab sich in den Folgetagen in einem Haus außerhalb Rios, das in eine kleine Moschee umgewandelt worden war. Dort traf man sich heimlich zum Gebet. Abdurrahman hatte auch einen Übersetzer dabei, dessen „ganze schlechte Angewohnheiten und Unmoral werde ich später erzählen“ (S. 23).

Die Rahmenbedingungen für den Islam in Brasilien waren nicht günstig. Das religiöse Wissen unter den Muslimen war nur sehr rudimentär vorhanden. Abdurrahman blieb 13 Tage in der Gemeinde und nutzte dies zur religiösen Unterweisung, kehrte dann aber wieder aufs Schiff zurück, da der Kommandant Angst hatte, dass der Imam von der brasilianischen Regierung als verkappter Missionar angesehen werden könnte. Er verbot Abdurrahman deshalb weitere Hausbesuche, weshalb die Muslime Rios wieder Schiffbesuche machten. Sie baten den Kommandanten, einen Islam-Gelehrten in Brasilien zu lassen. Der Kommandant stimmte dem zu und unterrichtete auch die brasilianische Regierung über den Verbleib Abdurrahmans „mit dem Ziel, das Land zu bereisen und kennen zu lernen“ (S. 29).

Somit blieb Abdurrahman in Rio als die osmanischen Schiffe wieder zurück nach Istanbul segelten. In einem Haus gab er seine ersten einführenden Islamkurse, an denen nach seinen Angaben etwa 500 Personen teilnahmen. Er musste fast bei Null anfangen, da es nur sehr wenige Korane gab, die zudem kaum gelesen wurden. Deshalb erstellte Abdurrahman eine Kurzfassung mit den wichtigsten Regeln auf Portugiesisch und verteilte sie. Er tat dies auch, um den vielen falschen Behauptungen, schriftlich etwas entgegen zu setzen, wie, dass man nur nach Zahlung von Goldstücken zum Islam konvertieren könne. Nach Wegfall dieser Regel erhöhte sich die Zahl der Muslime schnell, da jetzt auch viele Arme zum Islam übertreten konnten. Abdurrahman spricht von insgesamt 19.000 Muslimen, was sieben Prozent der Bevölkerung Rios entsprochen hätte und wohl deutlich zu hoch gegriffen ist. Die Sache mit den Goldstücken war aber nicht die einzige Absurdität. Zwar fasteten die Muslime wie vorgeschrieben, aber nicht im Ramadan. „Frauen fasteten überhaupt nicht. Sie liefen offen herum wie die europäischen (Frenk) Frauen. Einige tranken auch Alkohol“ (S. 36).

Schließlich fand er den Schuldigen für das islamische Durcheinander. Abdurrahmans Übersetzer, der aus Tanger im heutigen Marokko stammte, nahm nach Kontakt mit den dortigen Muslimen den Namen Ahmet an. Da er bei seiner Ankunft in Brasilien die traditionelle muslimische Kleidung trug, wurde er für einen Muslim gehalten. Er hat das nicht korrigiert, sondern dies zu seinem eigenen Vorteil genutzt. „Alles, was dieser Mann außer über die Beschneidung und des Opferfestes lehrte, war gegen den Islam ... Als ich ihn dann wieder fragte, welcher Religion er angehörte, gab er zu, Jude zu sein. Darüber hinaus sagte er nur, dass er das machte auf Grund seiner Feindschaft zum Islam und für persönlichen Profit“ (S. 37).

Abdurrahman verjagte daraufhin den Übersetzer und machte sich daran, aus seinen Schützlingen gute Muslime zu machen, kein einfaches Unterfangen. Zwar folgten die Muslime bestimmten Verhaltensregeln, aber mit islamischer Lehre hatten sie wenig bis nichts zu tun. „Die Männer rasieren sich alle und betrachten Unrasierte als Ungläubige“, beschrieb Abdurrahman die Situation. „Tabak gilt als Sünde, aber Alkohol nicht, der wird offen konsumiert.“ Zwar setzt Abdurrahman bei seinen Muslimen das Alkoholverbot erfolgreich um, „aber einige sind dann von Wein auf Tabak umgestiegen“ (S. 40).

Abdurrahmans Reisebericht enthält auch einige allgemeine Informationen über das Land. Nach seinen Angaben lebten damals 8,5 Millionen Menschen in Brasilien, einem Land „arm an Rohstoffen, aber reich an Diamanten. Gold gibt es ganz selten, der komplette Einkauf wird mit Papiergeld gemacht“ (S. 45).

Ein kurzes Kapitel widmet er den Obstsorten, von denen er begeistert war. Da er für die exotischen Früchte keine arabischen Namen weiß, beschreibt er sie anhand von in Mesopotamien vorkommenden Früchten: „So ähnlich wie Quitte, größer als eine Walnuss, aber von der Form einer Dattel. Es gibt hier etwa 50 Obstsorten, die es im Osten nicht gibt. Kokosnuss gibt es reichlich und billig“ (S. 49).

Was es im „Osten“ ebenfalls nicht gibt, sind Indianer. Für Abdurrahman sind sie eine Art Fabelwesen: „Deren Füße sind im Verhältnis zum Körper so groß, dass sie sich, wenn es regnet, auf den Boden legen und die Füße als Schirm benutzen und so nicht nass werden“ (S. 52) ... „Durch Zufall habe ich sie gesehen, ihre Füße waren echt riesig, so um die 45 Zentimeter.“ Viel hält er nicht von ihnen: „Wenn die Einheimischen sprechen, ähnelt das Vogelgeräuschen.“ (S. 53) oder: „Einige der Einheimischen sind Meister im Eisen schürfen und Bogenmachen. Zur Ernährung gehören roher Fisch und verschiedene Vögel. Sonst können sie nichts.“

Abdurrahmans Wirken sprach sich schnell auch in anderen Teilen Brasiliens herum. Er erhielt eine Einladung nach Salvador, wo „es im Vergleich zu anderen Städten mehr Muslime gab. Aber da sie nicht viel Interesse zeigten, religiöse Lehren zu lernen, waren sie was Unwissenheit anbetrifft nicht anders als die anderen“ (S. 58). In Salvador ist er ein Jahr geblieben. Sein Fazit fiel eher ernüchternd aus: „Die Jugend wird christlich, da es nur wenig Muslime gibt und viele Priester.“

Abdurrahmans dritte Station beschrieb er als Marnempugo. Dieser Name kommt außerhalb seines Buches nirgendwo vor, wird nicht mal bei Google benutzt. Da Abdurrahman aber angibt, dass sich diese Stadt am 8. Breitengrad befand, meinte er wohl Recife und hat aus dem Bundesland Pernambuco Marnempugo gemacht. Diese Namensänderung kann aber auch bei der Übersetzung vom Arabischen ins Türkische (lateinische Alphabet) passiert sein. Da er von einer unglaublichen Hitze und Schwüle erzählt, könnte es auf jeden Fall Recife sein. „Ohne mich mehrmals täglich mit kaltem Wasser zu duschen, hätte ich es nicht ausgehalten“ (S. 60).

Abdurrahman verließ Brasilien wieder 1871. Seine Rückreise hatte viele Stationen: Lissabon, Andalusien mit einem Besuch Cordobas, Tanger, Algerien, Malta, von dort nach Ägypten und Saudi-Arabien, wo er die Pilgerfahrt nach Mekka und Medina machte. Wie schon in seiner Jugend, kam er schließlich wieder über Damaskus nach Istanbul.

Frauen in Brasilien: Gewalt und Diskriminierung

Isania Monteiro und die „Barbarei von Queimadas“

Izabella Monteiro und Michele Domingos da Silva wurden nur 27 bzw. 29 Jahre alt. Am 12. Februar 2012, einem Sonntag im Karneval, gingen die beiden Frauen, die eine Lehrerin, die andere Empfangsdame, zu einer Geburtstagsfeier, die sie nach einer Massenvergewaltigung erst wieder in einem Auto verlassen sollten. Michele versuchte aus dem Auto zu fliehen und wurde vor ihm in der Nähe einer Kirche erschossen. Izabella wurde später nackt, geknebelt und mit verbundenen Augen, mit drei Kugeln im Körper, tot an einer nahe gelegenen Landstraße aufgefunden.

Anfangs sprach alles für ein Gewaltverbrechen. Verkleidete und maskierte Einbrecher griffen die Feiernden an, brachten die Männer in einen Teil des Hauses und vergingen sich an fünf Frauen. Nur die Ehefrauen der Hausbesitzer wurden in einem anderen Zimmer verschont. Doch schon bald kamen Zweifel auf. Die Männer waren so gar nicht betroffen und scherzten mit den Polizisten am Tatort. Stück für Stück kam die grausame Wahrheit ans Tageslicht.

Die Haupttäter waren zwei verheiratete Brüder, Eduardo (28) und Luciano (22) dos Santos Pereira. Luciano hatte eine Zeit in Rio gelebt, in der berüchtigten Favela Rocinha. Eduardo organisierte für den Heimkehrer in die Kleinstadt Queimadas (43.000 Einwohner), etwa 17 km südlich von Campina Grande, eine Geburtstagsfeier bei sich zu Hause und lud dazu Freunde und Bekannte ein. Was schenkt man einem 22jährigen? Eduardo dachte, dass die Vergewaltigung von fünf Frauen, die sie alle gut kannten, genau das Richtige sei. Die Tat wurde minutiös geplant und mindestens 15 Tage vorbereitet. Waffen, Masken und Material zum

Fesseln und Verbinden wurden besorgt. Alles lief wie am Schnürchen, bis Micheles Augenbinde verrutschte und sie sah, dass die „Einbrecher“ gar keine Einbrecher waren, sondern drei Minderjährige, die nur die Frauen in Schach hielten, damit es die Täter leichter hatten. Michele flüsterte die Namen der Täter, praktisch alle eingeladenen fünf Männer und die beiden Brüder, ihrer engen Freundin Izabella ins Ohr: Das war ihr Todesurteil.

Isania Monteiro erzählt im Juli 2014 die Geschichte der „Barberei von Queimadas“, wie das Verbrechen in der brasilianischen Presse genannt wird, nüchtern-professionell, doch bleibt ihr immer wieder mal die Stimme weg. Man sieht, wenn sie den Blick senkt, dass ihre Augen feucht werden. Isania ist die Leiterin des im Dezember 2012 in Campina Grande eröffneten „Centro Estadual de Referência da Mulher - Fátima Lopes“ (Bundesstaatliches Frauen-Referenzzentrum). Isania ist aber auch die Schwester Izabellas und Ex-Ehefrau Eduardos. Deshalb arbeitet sie nicht nur als Beamtin in gehobener Position in diesem Zentrum, sondern mit einer besonderen Mission. Sie will im Andenken an ihre Schwester Frauen, die von Gewalt bedroht sind oder unter ihr gelitten haben, helfen.

Wie bei vielen anderen Themen hat Brasilien beim Schutz von Frauen vor Gewalt noch viel zu tun, da bisher staatlicherseits kaum etwas dagegen unternommen wurde. Das heißt nicht, dass Gewalt gegen Frauen besonders häufig vorkommt. Kunath weist zu Recht darauf hin, dass es kaum internationale vergleichende Studien gibt und die wenigen vorhandenen zeigen, dass Gewalt gegen Frauen nicht nur eines der Latino-Kultur, sondern ein globales Problem ist. Laut einer von ihm zitierten Studie gaben 10 Prozent der Frauen in São Paulo an, Opfer einer Vergewaltigung oder eines sexuellen Übergriffs geworden zu sein. In London waren es 23 Prozent, ebenso in Lima. „Nicht, dass es in Brasilien keinen Machismo gäbe. Er ist bloß nicht schlimmer als anderswo“ (Kunath, S. 161). Zwar gibt es seit Jahren spezielle Polizeiwachen für Frauen und spezielle Frauenwagons in der U-Bahn von Rio, aber häusliche Gewalt galt zu lange als Privatangelegenheit.

Die rechtliche Grundlage für das gezielte Vorgehen gegen häusliche Gewalt und deren schärfere Bestrafung, die Einrichtung von Frauenhäusern und Referenzzentren wie das in Campina Grande, war ein Gesetz, das unter Lula 2006 verabschiedet wurde. Es trägt die Nummer 11.340/2006, ist aber hauptsächlich unter dem Namen *Maria da Penha*- Gesetz bekannt. Die heute 69jährige Maria da Penha Maia Fernandes ist eine Chemikerin aus Fortaleza, deren Ehemann 1983 zweimal versuchte, sie umzubringen. Einmal schoss er auf sie, einen Einbruch vortäuschend, beim zweiten Mal versuchte er, sie zu erwürgen. Auf Grund der schweren Verletzungen, die sie bei den Mordversuchen erlitt, ist Maria da Penha seitdem querschnittsgelähmt. Das hinderte sie aber nicht, sich für die Verurteilung ihres Ex-Ehemannes einzusetzen und darüber hinaus zu einer Vorkämpferin von Frauenrechten in Brasilien zu werden, vor allem als Koordinatorin der *Associação de Parentes e Amigos de Vítimas de Violência* (APAVV, Verein der Verwandten und Freunde von Gewaltopfern). 19 Jahre nach der Tat wurde ihr Ex-Ehemann, ein kolumbianischer Professor, zu acht Jahren Gefängnis verurteilt, von denen er aber nur zwei Jahre absaß. Heute lebt er in Freiheit.

Das Gesetz, das ihren Namen trägt, wurde am 7. August 2006 verabschiedet und gilt seit dem 22. September 2006. Bereits zwei Tage darauf wurde es das erste Mal gegen einen Mann angewandt, der in Rio de Janeiro versucht hatte, seine ehemalige Ehefrau zu erwürgen. Das Gesetz wurde von der UNO als eines der weltweit besten drei Gesetze zum Schutz von Frauen gewürdigt. In der erklärenden Broschüre des Sekretariats für Frauen heißt es im ersten Satz der Zusammenfassung über das Gesetz: „Es macht aus häuslicher und familiärer Gewalt ein Verbrechen gegen Frauen und behandelt die erlittene Gewalt nicht mehr als etwas von geringem Wert." Ferner definiert es Gewalt und erstellt Unterkategorien wie physische, sexuelle, patrimoniale oder psychologische Gewalt. Von diesen Gewaltformen kann jede für sich alleine oder in Kombination mit anderen vorkommen. Das Gesetz schafft Schutzmechanismen: Männer werden in Gewahrsam genommen, wenn sie in flagranti erwischt wurden. Es wirkt aber auch präventiv, wenn eine Gewalthandlung erwartet werden kann. Es ist Teil des Strafrechts und verändert dieses in Art. 9. Es verbietet „alternative" Formen der Bestrafung wie Geldzahlungen oder Sozialarbeit, erhöht das Strafmaß und verbietet es gewalttätigen Männern, sich nach ihrer Freilassung ihren früheren Opfern zu nähern. Darüber hinaus ist es das erste Gesetz in Brasilien, das auch die „sexuelle Orientierung" (Art. 2) explizit erwähnt.[18] Darüber hinaus sieht es eine enge Zusammenarbeit und Koordination zwischen Polizei, Frauenzentrum, ärztlich-psychologischer Betreuung, Frauenhäusern, berufsbildenden Maßnahmen, Gerichten und Gemeinden vor.

Auf Basis dieses Gesetzes wurden landesweit Referenzzentren eingerichtet, die als erste Anlaufstellen für Frauen, die unter Gewalt leiden, dienen. Das Referenzzentrum in Campina Grande ist eines von sechs in Paraíba und wurde am 12. Dezember

[18] Broschüre des Sekretariats „Politiken für Frauen", Lei Maria da Penha - Lei No 11.340/2006.

2012 vom Gouverneur Fernando Coutinho eingeweiht. Es ist nach der Juristin und Frauenrechtlerin Fátima Lopes benannt, die 2010 bei einem Autounfall in João Pessoa starb. In ihm arbeiten eine Psychologin, ein Techniker und 6-7 Mitarbeiterinnen, von denen immer drei vor Ort sind und die anderen im Außendienst. Außendienst heißt, das Zentrum und die Notrufnummern 180 oder 197[19] bei Behörden, in Schulen, an Universitäten, in Medien, bei der Polizei und den NGOs bekannt zu machen. Die Mitarbeiterinnen machen aber keine Hausbesuche. An das Zentrum ist das Frauenhaus Aryane Thais angeschlossen, das bereits seit Oktober 2011 existiert.[20]

Isania erklärt die Vorgehensweise beim Gang durch das Zentrum: Nach einem ersten Gespräch mit einer Psychologin, wird entschieden, wie weiter verfahren wird.

> *„Wir schreiben nichts vor, sondern respektieren den Willen der Frauen. Wenn sie wollen, können sie für bis zu sechs Monate in das Frauenhaus gehen, in dem sie sicher sind und darüber hinaus auch gewisse Fortbildungen machen können. Dort können sie auch mit ihren Kindern bis 16 Jahre gemeinsam einziehen. Viele Frauen wollen das aber nicht, da sie dann sowohl von ihrem beruflichen wie sozialen Umfeld abgetrennt sind. Wenn möglich, versuchen wir dann eine Unterbringung bei Verwandten zu organisieren."*

---

[19] Die Notrufnummer 180 gibt es bereits seit 2005. Seit November 2011 können sich auch Brasilianerinnen in Spanien, Portugal und Italien an diese Notrufnummer wenden.

[20] Aryane war eine 21jährige schwangere Studentin, die von ihrem Freund im April 2010 erwürgt wurde und an der BR230 bei João Pessoa gefunden wurde.

Vom Zentrum, das von außen viel kleiner wirkt als es ist, ist aus Sicherheitsgründen nur der Eingangsbereich von der Straße aus einsehbar. Über die ersten 12 Monate (Dezember 2012 - November 2013) liegt eine Statistik vor. Danach erhielten 92 Frauen insgesamt 208 Behandlungen. Nicht nur Frauen aus Campina Grande, die 76 Prozent ausmachen, sondern auch aus der Umgebung. Sollten dort Frauen Opfer von Gewalt sein und sie sich an eine Behörde oder die Polizei wenden, werden sie nach Campina Grande verwiesen. „Gerade die Zusammenarbeit mit der Polizei ist noch verbesserungswürdig, es ist eben alles neu und es widerspricht bei vielen auch der Mentalität, häusliche Gewalt als Verbrechen anzusehen."

Mit 23 Prozent war die größte Altersgruppe die der 25-31 Jährigen, gefolgt von den 32-38 Jährigen (18 Prozent) und den 18-24 Jährigen (17 Prozent). Die meisten Opfer sind Mütter, 56 Prozent haben ein bis zwei Kinder, nur 12 Prozent haben (noch) keine Kinder. Beim Bildungsniveau sind Frauen ohne abgeschlossene Schulbildung mit 41 Prozent die mit Abstand größte Gruppe, Universitätsabsolventinnen sind lediglich mit 10 Prozent vertreten. Auch die finanzielle Situation weist daraufhin, dass die unteren Schichten stärker betroffen sind. 34 Prozent bekommen Bolsa Familia, nur 35 Prozent bekommen gar keine staatliche Unterstützung. Die größte Gruppe sind Hausfrauen (22 Prozent), gefolgt von bezahltem Hauspersonal (16 Prozent), sechs Prozent Bäuerinnen, fünf Prozent Verkäuferinnen, drei Prozent Lehrerinnen und zwei Prozent Studentinnen.

Die Mär vom „schwarzen Mann", vom unbekannten Täter, ist auch in Paraíba ein Märchen. Nur ein Prozent der Täter waren Unbekannte. Die größte Tätergruppe waren die ehemaligen Lebensgefährten mit 26 Prozent, gefolgt von den aktuellen Lebensgefährten mit 23 Prozent, den Ehemännern mit 18 Prozent, einem Verwandten (13%), ehemaligen Ehemännern (8%), ehemaligen Liebhabern und einer bekannten Person mit jeweils 2 Prozent. Somit ist auch der Tatort mehrheitlich ein bekannter Ort wie beim Fall von Queimadas. Im eigenen Haus fanden 56 Prozent der Gewalthandlungen statt, in einem Haus von Verwandten 9 Prozent, 24 Prozent der Fälle ereigneten sich an einem öffentlichen Ort.

Bei der Gewaltart dominiert mit 46 Prozent eine Kombination aus physischer und psychologischer Gewalt, die rein physische Gewalt kam nur bei einem Prozent vor, in Kombination trat sexuelle Gewalt insgesamt bei 12 Prozent auf.

Bei der Hautfarbe der Opfer bezeichnen sich die meisten Frauen, nämlich 40 Prozent, als parda (eigentlich mit braun zu übersetzen, was für Mestizin, Mulattin oder Mischling steht), gefolgt von weißen Frauen mit 39 Prozent und 14 Prozent schwarzen Frauen. Beim Zensus 2010 bezeichneten sich 53 Prozent der Paraibaner als pardo, 39 Prozent als weiß und 5,6 Prozent als schwarz. Schwarze Frauen sind somit überrepräsentiert und Mulattinnen unterrepräsentiert.

Durch vielfältige Aktivitäten steigt die Bekanntheit des Zentrums. Das schlägt sich auch in den Zahlen nieder. Wurden von Januar bis Juni 2013 insgesamt 105 Frauen behandelt, stieg diese Zahl im gleichen Zeitraum 2014 auf 156 Frauen. Trotzdem ist das nur ein Bruchteil der gesamten Opfer, wie Isania erklärt: „Nur eine kleine Minderheit zeigt ihre Peiniger an. Frauen finden auch Gründe für die Gewalt und suchen häufig die Schuld bei sich. Auch das Rechtssystem sieht oft in den Frauen die eigentlich Schuldigen, es gibt immer noch Richteraussagen, die von zu kurzen Röcken oder Dekolletees als Provokation sprechen."

Trotz ihres harten Schicksals und der menschlichen Abgründe, die sich täglich in dem Zentrum abspielen, ist Isania optimistisch. „Es tut sich was. Dabei spielt auch die Politik eine wichtige Rolle. Dilma ist wie eine Eroberung des höchsten Amtes für Frauen. Wir werden auch von Brasilia unterstützt, das sind alles sehr positive Entwicklungen."[21]

[21] Weitere Informationen zum Gesetz Maria da Penha, http://www.mariadapenha.org.br/, http://leimariadapenha.com.br/

Salvadors Schwarze Frauen

Bahia bedeutet Bucht. Amerigo Vespucci landete an einem 1. November[22] an der brasilianischen Küste in einer sehr schönen Bucht. Auf Grund des Datums nannte er sie Bahia de Todos os Santos (Allerheiligenbucht). Später wurde sie leicht verächtlich, aber auch bewundernd umgangssprachlich Bahia de todos os pecados (Bucht der Sünden) genannt. Über Jahrhunderte war die Küste zwischen Salvador und Recife der Hauptumschlagplatz für afrikanische Sklaven. Auf dem Pelourinho, dem Sklavenmarkt, der heute zu einer der größten Touristenattraktion gehört, wurden sie in die angrenzenden Agrargebiete verkauft. Die Nachkommen der Sklaven haben bis auf die Politik fast alles geprägt: Religion, Küche und Musik. Auch Capoeira und Samba haben ihren Ursprung in dieser Zwangsmigration. Salvador war Brasiliens erste Hauptstadt bis 1763 und ist deshalb auch ein Juwel des portugiesischen Imperialismus und erinnert mit seiner Cidade Alta und Baixa und den Personenaufzügen, mit denen man von der Unter- in die Oberstadt gelangt, architektonisch an Lissabon.

Den Einfluss des Sklavenhandels kann man aber nicht nur architektonisch sehen. Auch die Bevölkerung spiegelt ihn wieder. Heute ist Salvador die afrikanischste aller lateinamerikanischen Städte. 80 Prozent der Bevölkerung sind afrikanischen Ursprungs. Eine von ihnen ist Valdecir Nascimento, eine stolze Bahiana, wie die Bewohnerinnen Salvadors und der Region Bahia genannt werden. Sie ist die Geschäftsführerin von Odara, einem Verein von und für schwarze Frauen, der es sich zum Ziel gesetzt hat, besonders im Nordosten, schwarze Frauen und ihre Vereine zu unterstützen. „Salvador hat eine starke schwarze Identität", beginnt sie das Gespräch inmitten von europäischen WM-

[22] Im Jahre 1500.

Touristen im Stadtteil Rio Vermelho (Roter Fluss). „Schwarze in anderen Regionen Brasiliens sind nicht so selbstbewusst."

Normalerweise ist das sicher richtig, aber im Juni/Juli 2014 ist von der schwarzen Identität nicht allzu viel zu spüren. Man würde eher annehmen, Salvador sei die Hauptstadt der deutschen und portugiesischen Einwanderer, die in den Tagen vor dem Aufeinandertreffen der Nationalmannschaften ihrer Heimatländer am 16. Juni in den Hotels, Bussen, Kneipen und der Innenstadt den Ton in Brasiliens drittgrößter Stadt (ca. 3 Millionen Einwohner) nach São Paulo und Rio angeben.

Valdecir ist seit den frühen 1970er Jahren politisch aktiv, vor allem in der schwarzen Frauenbewegung. In dieser Zeit bemerkten sie und ihre Mitstreiterinnen, dass sich weder die Schwarzenbewegung noch die Feministinnen wirklich für die spezifischen Probleme schwarzer Frauen interessierten. Nach der Mitarbeit in zahlreichen Vereinen, Parteien und Plattformen gründete sie schließlich vor vier Jahren Odara, für das sechs bezahlte Angestellte arbeiten und 15 Mitarbeiterinnen projektbezogen bei Bedarf dazu kommen.

Der eigentlich eher nüchterne britische Guardian titelte 2010, dass Salvador „Brasiliens echte Party-Hauptstadt sei."[23] Valdecir widerspricht: „Die Stadt ist sehr fleißig, wir fangen früh an. Auch historisch waren es die Schwarzen, die das Land aufgebaut haben, die Weißen haben ja gar nicht gearbeitet." Im Gegensatz zum selbst gegebenem Image, eine Regenbogennation ohne Diskriminierung zu sein, ein Land eben für alle, beklagt Valdecir institutionellen Rassismus, ein Resultat von über 300 Jahren Sklaverei. „Die Kolonisierung Brasiliens war nur auf Ausbeutung

---

[23] Gavin McOwan, "Salvador, Brazil's real party capital", http://www.theguardian.com/travel/2010/jun/19/salvador-brazil-party

angelegt. Bildung für Schwarze war nicht vorgesehen. Das hat zu einem Minderwertigkeitskomplex bei Schwarzen geführt, denen gesagt wurde, sie seien faul und hässlich."

Der afrikanische Sklavenhandel nahm ab den 70er Jahren des 16. Jahrhunderts an Bedeutung zu, da damals die indianische Bevölkerung schon so dezimiert war, dass sie als Arbeitskraft für die Wirtschaft nicht mehr ausreichend zur Verfügung stand. Bis zur Abschaffung der Sklaverei 1888 kamen etwa 4 Millionen Afrikaner zwangsweise nach Brasilien, das heute das Land mit den meisten Afrikastämmigen weltweit ist. Das weiß nicht jeder. Als George W. Bush im Mai 2002 auf den damaligen brasilianischen Präsidenten Cardoso traf, fragte er ihn: „Do you have blacks, too?" („Habt Ihr auch Schwarze?").[24] Ja, haben sie, auch wenn sich nur relativ wenige dazu bekennen. In der Volkszählung von 2010 gaben nur 7,6 Prozent an, schwarz zu sein. Das brasilianische Institut für Geografie und Statistik (IBGE) bietet fünf Kategorien an, um sich ethnisch zu definieren: branco (weiß), pardo (braun), preto (schwarz), amarelo (gelb) und indigena (Indianer). Die größte Gruppe sind die Weißen mit über 47 Prozent, gefolgt von den Braunen mit 43 Prozent, den Schwarzen mit 7,6 Prozent, den Gelben mit knapp über einem Prozent und den Indianern mit 0,43 Prozent. Natürlich gibt es in Brasilien auch viele Mestizen, aber da jede und jeder sich selbst definiert, ist bei Schwarzen die Kategorie pardo oft beliebter als preto. In Campina Grande erklärte die Leiterin des Frauenzentrums Fatima Lopes, Isania Monteiro, dass die meisten schwarzen Frauen sich als parda definieren.

---

[24] „Bushs Allgemeinbildung: Gibt es Schwarze in Brasilien?" 19.05.2002, http://www.spiegel.de/panorama/bushs-allgemeinbildung-gibt-es-schwarze-in-brasilien-a-196865.html

Zwar gab es nach der Abschaffung der Sklaverei nie diskriminierende Gesetze wie die der Segregation in den USA, aber eben auch keine Black Power oder Bürgerrechtsbewegung. Das „black is beautiful“- Selbstbewusstsein ist in Brasilien wenig ausgeprägt. Viele Schwarze sehen ihr Heil in der Anpassung an Weiße und der ökonomisch und sozialen Distanzierung von anderen Schwarzen. Ich war immer wieder überrascht, wie sich optisch Schwarze in Gesprächen als Weiße gaben und so taten, als würden sie Fragen nach den Wurzeln der Familie überhören oder nicht verstehen. Das galt für den Arzt in Recife und den Werbefilmer in João Pessoa, die sich mit sehr weißen, jeweils blonden Freundinnen bzw. Ehefrauen, als Teil der weißen Mittelschicht sehen. Dieses Ausbrechen aus dem schwarzen Milieu ins weiße durch Geld und Erfolg beschrieb auch der (schwarze) ehemalige Fußballnationalspieler und heutige Fernsehkommentator oder besser Nuschler Ronaldo: „Als ich noch schwarz war, erlebte ich durchaus Diskriminierung.“ Jetzt ist er reich und erfolgreich und das heißt, nicht mehr schwarz.

Verantwortung dafür trägt das institutionelle Brasilien, das sich in den mehr als 125 Jahren seit dem Ende der Sklaverei nie wirklich um die Beseitigung der Folgen gekümmert hat. Für Leuthold eine „historische Schuld“: „Nach der Aufhebung der Sklaverei hatte die wirtschaftliche Elite des Landes billige Arbeitskräfte aus Europa und Asien geholt und die eigene arme Bevölkerung ihrem Schicksal überlassen, eine gewaltige historische Schuld“ (Leuthold, S. 93). Die arme schwarze Bevölkerung, nicht mehr rentabel, ohne Ausbildung und Wohnung, musste in der Hoffnung auf Arbeit in die Ballungsräume der Großstädte ziehen. So entstanden die ersten Favelas, in denen mittlerweile natürlich auch viele Weiße leben. Die Gleichung, dass ein Stadtviertel je reicher es ist auch umso weißer ist, gilt aber bis heute.

Leuthold bietet zwei interessante Statistiken, die zeigen, wie weit der Weg Brasiliens noch ist, das Erbe der Sklaverei zu überwinden:

> *„Die Brasilianer rühmen sich gern, keinen Rassismus zu kennen. Trotzdem sind nur zwei Prozent der Direktorenposten bei den fünfhundert größten brasilianischen Unternehmen von Schwarzen besetzt. ... Hinter dem neuen Brasilien lauert das alte. ... Laut der ersten brasilianischen Volkszählung, durchgeführt im Jahr 1872, arbeiteten 24,3 % aller Sklavinnen im Hausdienst. 138 Jahre später , im Jahr 2010, arbeiteten laut einer Statistik des Arbeitsamtes 23,3 % aller dunkelhäutigen Frauen im Hausdienst. Die durchschnittliche Schulzeit beträgt sieben Jahre. Nur eins von zehn schwarzen Kindern beendet die Oberstufe, bei den weißen ist das Verhältnis eins zu vier“ (Leuthold, S. 98).*

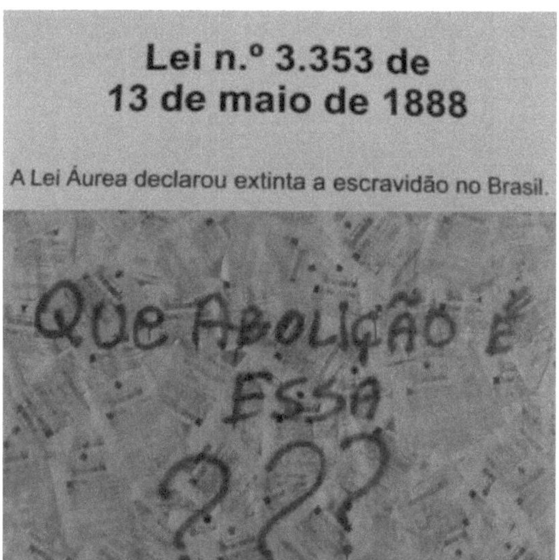

Im *Museo da Abolicão* in Recife:
„Was für eine Abschaffung der Sklaverei soll das sein?“

Die Regenbogengesellschaft vertuscht den Rassismus, sie verpackt ihn in schöne Werbeslogans und bunte Plakate, aber sie hebt ihn nicht auf. Ein gutes Beispiel hierfür ist auch das „Museum zur Abschaffung der Sklaverei“ in Recife, dem „Museo da Abolicão“. Auf zwei Etagen geht es fast gar nicht um Sklaverei und schon gar nicht um deren Folgen. Vielmehr ist es ein ethnografisches Museum, das die Vielfalt, Trachten und Bräuche verschiedener afrikanischer Völker zeigt. Keine Aufarbeitung der Geschichte, nichts, was wehtut.

Während der WM interessieren solche Themen noch weniger als sonst und schon gar nicht die Fan-Touristen in Salvador und Recife. Diese Städte haben auch den Ruf, nicht gerade ungefährlich zu sein, vor allem nachts. Aber während der WM wirken die Innenstädte durchweg sicher, die Polizei zeigt Präsenz, bedrohlich aussehende berittene Beamte traben durch die Städte, sie halten sich aber gegenüber den gut zahlenden Fans professionell zurück. So ein Verhalten der Polizei wünscht sich Valdecir auch gegenüber der schwarzen Bevölkerung, besonders gegenüber deren Jugend: „Weiße Kinder sterben bei Autounfällen, schwarze Kinder werden von der Polizei erschossen. Das ist eine staatliche Politik.“

Interview mit Valdecir Nascimento

Einige Passagen des Interviews, das am 15. Juni in einem Hotel im Stadtteil Rio Vermelho in Salvador mit Valdecir Nascimento geführt wurde:

Frage: Salvador ist die afrikanischste Stadt Brasiliens, hatte aber noch nie einen gewählten schwarzen Bürgermeister. Warum wählen die Schwarzen durchgehend Weiße?

Antwort: Es ist wahr, dass Schwarze wenig politische Macht haben. Dafür gibt es eine Reihe von Gründen. Die Geschichte Brasiliens begann mit dem Auszug eines Teils der königlichen Familie aus Portugal nach Salvador. Es folgten 300 Jahre Sklaverei mit unzähligen Aufständen von Schwarzen, die alle brutal niedergeschlagen wurden. Das bedeutet eine lange Geschichte von Gewalt gegen Schwarze und die erzwungene Trennung vieler Familien.

Frage: Diese Geschichte ist so auch in den USA geschehen, aber der Bürgermeister der Hauptstadt Washington, die mehrheitlich schwarz ist, ist in der Regel auch schwarz.

Antwort: In den USA wurde die Sklaverei deutlich früher abgeschafft. Für das politische Bewusstsein der Schwarzen war aber die Bürgerrechtsbewegung entscheidend. Uns fehlt diese Erfahrung in Brasilien. Es gibt auch noch einen weiteren historischen Unterschied. Die Kolonisierung in Brasilien war ausschließlich auf Ausbeutung angelegt. Bildung für Schwarze war nicht vorgesehen, sogar noch nach Abschaffung der Sklaverei wurde sie lange Zeit verboten. Danach wurde in einem langsamen Prozess der Bildungsstand der schwarzen Bevölkerung angehoben.

Lange Zeit gab es in der gesamten Region Bahía nur eine staatliche Universität. Ein anderes Zeichen, dass höhere Bildung für diesen Teil der Bevölkerung nicht vorgesehen war. Jetzt gibt es wenigstens fünf staatliche Universitäten und damit auch einen deutlich Anstieg an schwarzen Studierenden.

Frage: Also ist es nur eine Frage der Zeit, bis es auch einen schwarzen Bürgermeister gibt?

Antwort: Hoffentlich. Was ist das für eine Demokratie, wenn ein Teil der Bevölkerung von der politischen Macht ausgeschlossen ist? Aber das fußt auf einer langen Geschichte des Ausschlusses. Deshalb dominieren immer noch mächtige weiße Familien die Politik Bahias. Aber die Menschen erkennen jetzt, dass viele weiße Politiker auch inkompetent sind und nicht alles besser können. Mittlerweile gibt es zahlreiche erfolgreiche schwarze Politiker, die aber leider kaum bekannt sind. Die schwarzen Minister wie z.B. Luiza Helena de Bairros oder die Vize-Bürgermeisterin Salvadors Célia Oliveira de Jesus Sacramento sind leider kaum bekannt. Der einzige, der es zu landesweiter Berühmtheit gebracht hat, war Joaquim Barbosa, weil er als Richter den Vorsitz im größten Korruptionsprozess der brasilianischen Geschichte hatte, dem mensalão, und später der Präsident des Verfassungsgerichts wurde. Aber er blieb leider noch eine Ausnahme.

Frage: Salvador als das Zentrum afrikanischer Kultur ist auch das Herz afrikanischer Religionen wie Candomblé, was man auch im Straßenbild erkennen kann. Aber auch in Salvador werden konservative evangelikale Kirchen stärker, welchen Einfluss hat dies auf die schwarze Kultur?

Antwort: Ich erkenne da einen Prozess seit den 1980er Jahren. Auf der einen Seite nehmen evangelikale Kirchen zu, auf der anderen Seite der Drogenkonsum. Es scheint, als ob man sich zwischen den beiden entscheiden müsste. Entweder Kontakt mit Drogen oder mit evangelikalen Kirchen. Das Erstarken dieser Kirchen bedeutet harte Zeiten für uns. Es ist eine neue Form der Kolonisierung. Diese Kirchen sind sehr streng und konservativ und gewöhnlich auch gegen eine Gleichstellung von Schwarzen und Frauen. Keine gute Entwicklung für uns.

Frage: Was erwarten Sie von den Präsidentschafts- und Parlamentswahlen im Oktober? Wie beurteilen Sie Dilma Rousseffs Amtszeit?

Antwort: Das große Verdienst Dilmas ist, dass sie die Sozialpolitik Lulas wie bolsa familia fortgesetzt hat, die Familien Zugang zu Geld ermöglicht hat, die davon zuvor komplett ausgeschlossen waren. Viele Familien wurden zum ersten Mal krankenversichert. Damit entsteht erstmalig ein Zugehörigkeitsgefühl. Ein langer Prozess, Veränderungen sind nicht möglich über Nacht, aber man kann schon sehen, dass dadurch mehr schwarze Kinder eingeschult wurden. Wegen all dieser Gründe wird die Mehrheit der Schwarzen für Dilma stimmen.
Brasilien ist ein sehr männliches Land. Auch ein Land von Männerbünden. Für Dilma ist das nicht einfach, das ist eine geschlossene Kultur.

Auch wenn ich insgesamt ein eher pessimistisches Bild zeichne, heißt das nicht, dass sich nichts ändert. Der Niedergang der öffentlichen Schulen[25] hat am meisten die Schwarzen getroffen, weil sie mehrheitlich zu den ärmeren Schichten gehören. Dennoch kann man überall Veränderung sehen. Noch vor einem Jahrzehnt konnte man Schwarze in bestimmten Berufen nicht sehen, jetzt sind viele Schwarze auch Manager oder Personalchef. Jahrzehntelang waren Schwarze nur in schlecht bezahlten Jobs angestellt. Das Vorurteil war, dass sie nur in drei Berufsfeldern Erfolg haben könnten: Musiker, Fußballer und Dieb. Wenigstens das ist nicht mehr Realität, aber es wird noch lange dauern, um den institutionellen Rassismus, der Schwarze ausgeschlossen hat, ganz zu überwinden.

Odara bereitet mit anderen Vereinen einen Marsch von „Einer Million Schwarzer Frauen" für den 13. Mai 2015 nach Brasilia vor. „Die Regierung will Brasilien bis 2024 zur viert größten Volkswirtschaft in der Welt machen, Odara will die Regierung fragen, was sie denn bis 2024 für schwarze Frauen tun will." Der 13. Mai ist der Nationale Tag gegen Rassismus.[26]

[25] Siehe zum Schulsystem das Kapitel „Schulsystem für reiche Großstädter."

[26] Weitere Informationen über Odara: http://institutoodara.org.br/

Potiguara: Angezogene Indianer in Havaianas

„Meine“ Indianer entsprechen nicht dem in den internationalen Medien vorherrschenden Klischee, und wenn doch, nur ein bisschen und das nur ganz selten.

Die weißen Brasilianer haben ein ambivalentes Verhältnis zu den Ureinwohnern ihres Landes. Vor allem seit der Unabhängigkeit 1822 erfreute sich die Figur des Indianers in der Literatur als Inbegriff brasilianischer Eigenständigkeit enormer Beliebtheit. Stichwort: Iracema, der 1865 von José de Alencar veröffentlichte Roman, der die Liebe einer Indianerin mit einem Portugiesen zum Thema hat, deren Nachkommen erst die wahren Brasilianer seien. Martin Curi schreibt, dass „Indianer als etwas typisch Brasilianisches wahrgenommen werden, das es nur im eigenen Land gibt“ (Curi, S. 140). Sie waren das Symbol der Abgrenzung gegenüber Portugal, das keine Indianer hatte. Die Afrikaner, damals schon viel zahlreicher als die Indianer, wurden lange von der Literatur vernachlässigt, Sklaven taugten schlecht für Nationalhelden. Dieses Interesse an den Indianern hatte aber weder besonderen Schutz noch Anerkennung von (Sonder-)Rechten zur Folge. Die positive und oft naive Darstellung der Indianer in der Literatur hat sie weder damals noch heute vor Anfeindungen seitens der weißen Brasilianer und Diskriminierung seitens des Staates geschützt. Für Glüsing ist „der Rassismus den Ureinwohnern gegenüber noch stärker als der gegenüber den Afrobrasilianern. Vor allem im Landesinneren werden sie oft wie Tiere behandelt - und getötet“ (Glüsing, S. 127).

Davon handelt dieses Kapitel aber nicht. „Meine“ Indianer leben an der Küste, aber nicht rund um Rio oder São Paulo, sondern da, wo sich Fuchs und Hase boa noite (Gute Nacht) sagen. Auf der

Autobahn von João Pessoa Richtung Natal muss man dafür nach etwa 50km abbiegen, um an die Küste bei Rio Tinto zu kommen. Noch ist die Straße asphaltiert, aber hat schon viele Schlaglöcher. Nicht asphaltierte Straßen gibt es dort auch, die sich bei Regen in unkenntliche Schlammgebilde verwandeln, aber dazu später. Erschwerend für unsere Reise kommt noch hinzu, dass unser Auto seine besten Tage schon lange hinter sich hat. Es ist das Auto des Anthropologen Glauco Machado, der an der Staatlichen Universität Campina Grande zu den Indianern Rio Tintos arbeitet und ab Herbst 2014 an der Fakultät in Rio Tinto seinen Dienst tun wird, also direkt am Forschungsobjekt. Da er eine Schulterverletzung hat, die er sich bei einem Treppensturz während des Festmonats zu Ehren São Joãos zugezogen hatte und deshalb eine Armbinde trägt, habe ich das zweifelhafte Vergnügen, zu fahren. Der erste Gang geht gar nicht, man muss im zweiten Gang mit viel Gas anfahren, die Scheibenwischer bewegen sich zwar, putzen aber kaum. Das Scheinwerferlicht ähnelt einem romantischen Kerzenschein. Das Auto hängt so tief, dass wir nur quer fahrend über die höheren Geschwindigkeitsbegrenzer kommen, von denen es sehr viele gibt, vor allem auf den abgelegendsten Straßen. Das ist aber nicht immer möglich, da die Straße zu eng ist, manchmal vergesse ich es auch, was jedes Mal ein lautes Knirschen am Wagenboden und Unmutsbekundungen Glaucos hervorruft, der so tut, als würden wir mit einem nagelneuen Auto unterwegs sein. Ach ja, die Fahrertür darf man auch nur in Zeitlupe schließen, da der Gummi fehlt. Vergisst man es, macht es laut bums, weil Lack auf Lack schlägt. Natürlich vergesse ich das von Zeit zu Zeit und lasse die Tür ins Schloss fallen, was wieder wenigstens mahnende Blicke Glaucos provoziert. Bei Regen läuft das Wasser ins Innere, Mitte Juli 2014 regnet es durchgehend.

Brasiliens Anthropologen arbeiten zu zwei Themen: Indianer und Afro-Brasilianer. Das ist nicht gerade einfallsreich, vereinfacht aber die Feldforschung. Heutzutage leben in Brasilien ca.

900.000 Indianer, die sich in etwa 220 verschiedene Völker und 180 Sprachen unterteilen. 50 Völker sollen weiterhin keinen Kontakt zur Außenwelt haben, auch wenn „kein Kontakt" nicht genau definiert ist, da man oft Zivilisationsgegenstände wie Kochtöpfe und Macheten bei „neu" entdeckten Stämmen sieht, die wenigstens auf einen früheren Kontakt zu Weißen schließen lassen.

Die absoluten Zahlen klingen recht hoch, zeigen aber vor allem den dramatischen Niedergang der indigenen Bevölkerung und damit einhergehend die Verarmung ihrer ehemals reichen Kultur. Wie viele Indigene auf dem Gebiet des heutigen Brasiliens gelebt haben, als am 22. April 1500 Pedro Álvares Cabral Brasilien offiziell „entdeckte", ist umstritten. Die internationale Indianerhilfsorganisation Survival spricht von etwa 5 Millionen Indigenen um 1500.[27] Kersten Knipp schreibt in seiner „Kulturgeschichte Brasiliens" von „rund sieben Millionen Indianern" (Knipp, S. 357), ohne aber eine Quelle für diese Zahl anzugeben. Die staatliche Funai (Fundação Nacional do Índio, Nationale Stiftung der Indianer) spricht von 3 Millionen Indigenen, die damals logischerweise 100 Prozent der Bevölkerung ausmachten. Als die Indigenen noch unter sich waren, wurden über 1000 verschiedene Sprachen gesprochen. So wie heute die weißen und schwarzen Brasilianer, lebten auch die Indianer mehrheitlich, nämlich ca. 2/3 an der Küste, und nur 1/3 im Inland, Amazonien und Regenwald. Durch die vollständigere Ausrottung der Küsten-Indianer, ist heute das Verhältnis umgekehrt. Die Mehrheit der Indianer lebt im Inland und nur eine Minderheit an der Küste, die eben auch für die Neuankömmlinge der mit Abstand attraktivste Lebensraum ist.

---

27 Survival International, "Indians in Brazil", 2000, http://assets.survivalinternational.org/static/files/books/Disinherited.pdf

Nach Zahlen der Funai waren die Indianer an der Küste bereits 1570 um 90% auf 200.000 dezimiert, während die Indianer des Inlands immer noch 1 Million umfassten. Erst im 17. Jahrhundert wurden sie auch dort dezimiert, aber langsamer als an der Küste. Der Tiefpunkt der Indianerpopulation war 1957 erreicht, mit lediglich 5.000 an den Küsten und 65.000 im Inland. Seitdem steigt die Population wieder auf heute etwa 900.000, von denen etwa 300.000 an den Küsten leben und 600.000 im Inland. Das entspricht aber lediglich 0,4 Prozent der gesamten brasilianischen Bevölkerung.

Obwohl so dezimiert, weisen die verbliebenen Indianer weiterhin eine starke Heterogenität auf. Es werden 5 Sprachgruppen unterschieden, Tupi-Guarani, Macro-Gê, Aruak, Karib, Tucano-Macu-Ianomami und dann noch etwa sechs Sprachen, die keiner dieser Gruppen zugeordnet sind. Die restlichen 99,6 Prozent der Brasilianer haben „Migrationshintergrund“, was in der Neuen Welt als Begriff sinnlos ist.

Tabelle:
Die offiziellen Zahlen der Funai (litoral=Küste, interior = Inland)

Dados demográficos da população indígena no Brasil

ano	pop ind/litoral	pop ind / interior	total	% pop total
1500	2.000.000	1.000.000	3.000.000	100,00
1570	200.000	1.000.000	1.200.000	95,00
1650	100.000	600.000	700.000	73,00
1825	60.000	300.000	360.000	9,00
1940	20.000	180.000	200.000	0,40
1950	10.000	140.000	150.000	0,37
1957	5.000	65.000	70.000	0,10
1980	10.000	200.000	210.000	0,19
1995	30.000	300.000	330.000	0,20
2000	60.000	340.000	400.000	0,20
2010	272.654	545.308	817.962	0,26

Fonte: Azevedo, Marta Maria. 2013

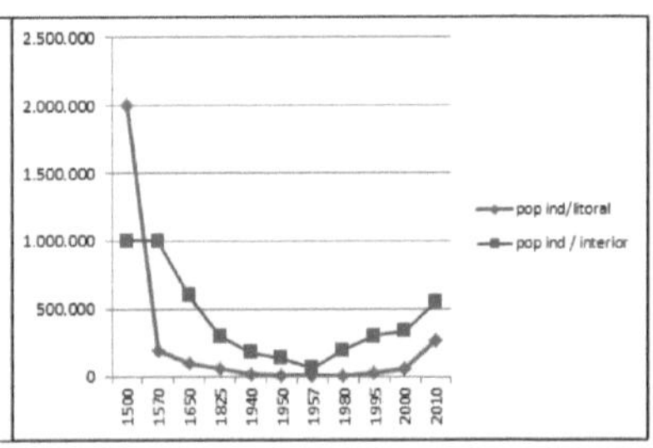

Quelle: http://www.funai.gov.br/index.php/indios-no-brasil/quem-sao

Die Alte Welt interessiert sich, wenn überhaupt, für die Urwald- und Amazonasindianer, weil sie dem Klischee vom authentischen Indianer entsprechen, der nackt, bemalt und exotisch eine gute Quote garantiert. Seit den 1980er Jahren gibt es hierzu auch im deutschen Fernsehen regelmäßig Dokumentationen, eine der ersten von Joachim Bublath, der später mit „Knoff Hoff“ bekannt wurde. Es haben sich auf Amazonas-Indianer spezialisierte Vereine gegründet und zahlreiche Bücher wurden darüber veröffentlicht. Die Yanomami im Grenzgebiet mit Venezuela, die Pater (Surui) in Rondonia oder die Indianer am Fluss Xingú, die sich gegen den Bau des Staudamms Belo Monte wehren, prägen das Bild der halbnackten, im Regenwald mit Pfeil und Bogen jagenden Indianer, die in Hütten oder Rundhäusern leben, sich mit Federschmuck in Trance tanzen und in Hängematten schlafen.

Die Indianer haben verstanden, genau dieses Image auch für ihre Anliegen zu nutzen. Am 28. Mai 2014, also etwa zwei Wochen vor Beginn der WM, schlossen sich einige hundert Indianer verschiedener Völker einer Anti-WM Demonstration in der Hauptstadt Brasilia an. Die meisten Indianer waren „traditionell“ gekleidet, viele mit Federschmuck und Pfeil und Bogen. Ein berittener Polizist musste erleben, dass diese nicht nur Accessoires waren. Er musste nach einer Pfeilverletzung sogar stationär behandelt werden. Die Indianer schossen ihre Pfeile ab, um eine Straßenblockade aufzubrechen. Die Polizei antwortete mit Tränengas. Herrliche Bilder für die nationale und internationale Presse. Ziel der Demonstranten war das WM-Stadion, in dem der WM-Pokal zu jener Zeit ausgestellt war. Die FIFA entschied sich dann spontan, die Veranstaltung abzubrechen und den Pokal in Sicherheit zu bringen.

Die Demonstration mit etwa 3000 Personen richtete sich gegen die hohen WM-Kosten, im Speziellen gegen das Stadion in Brasilia, das nach der WM kaum noch genutzt wird, da die Hauptstadt in Sachen Fußball nur Provinz ist. Die Indianer protestierten darüber hinaus auch noch für ihre Landrechte, wie schon häufig in den vergangenen Jahren. Eine der Anführerinnen, Sonia Guajajara von der Koordinierungsstelle Indigener Völker Brasiliens, sagte: „Wir sind hier, um unsere Rechte einzufordern." Zu den gewalttätigen Ausschreitungen sagte sie, dass man „eine Übereinkunft mit der Polizei hatte, bis zum Stadion Mané Garrincha zu marschieren. Bevor wir ankamen, kam die Kavallerie. Nicht wir haben die Gewalt provoziert, es war lediglich eine Reaktion."

Einigen Indianern gelang es auf das Dach des Kongresses zu steigen, was schon im Juni 2013 Demonstranten gelungen war und für die vielleicht beeindruckendsten Bilder der Proteste sorgte. Tamalui Kuikuru, ein Xingú-Indianer, war sich der Symbolhaftigkeit dieser Besteigung bewusst: „Auf den Kongress zu steigen war sehr bedeutend, das zeigt, dass wir Kämpfer sind, die unsere Rechte verteidigen."

Xingú ist ein Oberbegriff für eine Vielzahl von Indianervölkern und deren Sprachen, die im Staate Mato Grosso in einem der ersten Schutzgebiete für Indianer leben, das bereits seit 1961 existiert. Namensgebend für diese Indianer ist der gleichnamige Fluss, der weltweit bekannt wurde, weil er durch den Megadamm Belo Monte aufgestaut werden soll. Nach Fertigstellung soll dieser der drittgrößte Staudamm der Welt werden. Ein Verbrechen an der Natur und an den dort lebenden Menschen, von denen 40.000 umgesiedelt werden müssten. Gegen den Damm und die Betreiberfirma Norte Energia haben sich nationale und internationale Protestbewegungen organisiert. Einer der bekanntesten Fürsprecher der Indianer ist der österreichische Bischof Erwin Kräutler, der in Brasilien als Dom Erwin bekannt ist.[28] Die Xingú sind mittlerweile Experten im Protest und im Umgang mit internationalen Medien. Aber in Brasilia bei der Anti-WM Demo waren auch Protest-Novizen mit dabei, wie z.B. eine Delegation der

[28] Die Protestbewegung am Rio Xingu ist eindrucksvoll in dem Dokumentarfilm „Count Down am Xingú" von Martin Kessler dokumentiert, http://www.neuewut.de/index.php

Potiguara von der Nordküste Paraíbas, die im richtigen Leben nur selten fernsehtauglich sind. Man muss schon einen der besonderen Feiertage erwischen (z.B. den 19. April, den Tag des Indianers) oder das artesanato bei Rio Tinto besuchen, wo Indianer-Schmuck und Krimskrams verkauft werden und es ganzjährlich wenigstens einen kampfbemalten und mit Federn ausgestatteten Indianer gibt (siehe Foto), der durch das Gelände führt und mit seiner Frau, die zivil gekleidet ist, den Verkauf leitet.

Die Potiguara, was im lokalen Tupi-Dialekt „Krabenesser" bedeutet, sind der einzige Indianerstamm Paraíbas und zählen heute etwa 21.000 Mitglieder. Sie leben rund um die Gemeinden Rio Tinto (Roter Fluss) und Baía da Traição (Bucht des Verrats) direkt an der Küste Nordparaíbas und haben als einziges brasilianisches Küstenvolk nie ihre Herkunftsregion verlassen, wie Sandro, der Häuptling-Bürgermeister (Kazike Geral) später erzählen wird. Die Potiguara leben in drei ausgewiesenen terras indigenas in 32 aldeias (Dörfern). Jede aldeia hat einen Kazike („Bürgermeister"), Sandro ist der Vorsitzende der 32 Kazikes und wird als Kazike Geral bezeichnet. Das Wort Kazike stammt ursprünglich aus der in der Karibik verbreiteten Sprache der Taíno. Erstmalige schriftliche Erwähnung findet es in Christoph Kolumbus' Bordbuch in einem Eintrag vom 17. Dezember 1492.

An der Auswahl des Kazikes hat sich seither wenig geändert. Sandro erklärt, dass nur bestimmte Familien die Kazikes stellen, es gibt keine demokratische Wahl. Sandro musste sich auch nicht hoch arbeiten, er war zuvor keiner der 32 aldeia-Kaziken, sondern wurde direkt zum Kazike Geral ernannt. Anders als die gewählten Bürgermeister, erhält er für seine Funktion kein Gehalt vom Staat und hat auch kein Rathaus mit Büro und Personal. Der Kazike Geral der Potiguara arbeitet ganz modern im home office, das ein eher bescheidenes Häuschen ist, in dem er mit seiner Frau und seinen beiden Töchtern lebt. Sandro entspricht in keiner Weise dem Indianerklischee. Er fährt einen japanischen Kleinwagen, zur Kommunikation benutzt er ein recht neues Smart-Phone-Modell, zu Havaianas (Flip-Flops) trägt er karierte Bermudas und ein Poloshirt, im Gesicht keinerlei Farbe und die Haare sehr kurz geschnitten. Im Haus läuft eine Telenovela, seine größere Tochter singt zu einem Lied der Hitparade und die kleinere Tochter bewegt sich in einem Lauf-Auto vorwärts. Sandro spricht nur Portugiesisch, so wie die Mehrheit im Nordosten Brasiliens. Das einzig Indianische bei ihm sind eine Skulptur im Garten und ein Foto von ihm in voller Montur im Wohnzimmer.

Sandro empfängt in Korbmöbeln auf der Veranda, mit Blick auf die Straße und resümiert über die Proteste:

> *„Wir sind nicht gegen die WM, aber gegen die Verschwendung öffentlicher Gelder. Die Straßen bei uns kann man bei Regen kaum benutzen, vor allem die Schulbusse haben Schwierigkeiten. Wenn sich für uns nichts verbessert, aber Prestigeobjekte finanziert werden, stört uns das genauso wie die anderen Brasilianer. Terras indigenas sind ja kein Ausland, Strom und Infrastruktur muss der Staat zur Verfügung stellen. Wir sind ja auch brasilianische Bürger."*

Kazike Geral Sandros Haus und die Straße vor seinem Haus.

Da es gerade heftig regnete, sieht man, dass Sandro kein bisschen übertrieben hatte. Die Straßen ähneln eher Bächen mit niedrigem Wasserstand, es ist mehr ein Schlittern als Fahren. Glaucos Auto im Härtetest. Es knirscht und kracht und er sieht dieses Mal ein, dass es nicht an meinen (mäßigen) Fahrfähigkeiten liegt. Wenigstens dieses eine Mal.

Der Kazike Geral ist zum einen das Verbindungsglied seines Volkes mit dem brasilianischen Staat, zum anderen vertritt er die Potiguara bei Indianertreffen. Diese Teilnahmen werden entweder von der Funai oder dem Gouverneursamt Paraíba bezahlt. Am aktivsten sind dabei die Indianer der Küsten, die Amazonas-Indianer partizipieren deutlich weniger an institutionalisierten Programmen, wie Glauco bestätigt. Der Kontakt, die Zusammenarbeit und die Koordination der verschiedenen Indianervölker ist noch nicht weit fortgeschritten. Das hat auch Martin Curi nach dem Besuch der „Indigenen Spiele“ festgestellt, deren Ziel es auch ist, die teilnehmenden Indianervölker näher zusammen zu bringen: „Ich sehe die verschiedenen Stämme jedoch immer getrennt voneinander. Was ich selber an Erkenntnissen von den Spielen der indigenen Völker mitnehme, sind daher nicht die Gemeinsamkeiten, sondern das Bewusstsein, wie unterschiedlich die Indianervölker doch sind“ (Curi, S. 153). Bei den stattfindenden Treffen geht es oft um Landstreitigkeiten. Sandro war im Juli bei einem Treffen in Pernambuco. Der Ort wurde auch deshalb gewählt, um ein lokales Indianervolk bei einem Landstreit zu unterstützen.

Eigentlich ist die Landfrage ganz einfach geregelt. Die Verfassung von 1988 sagte den Indianern das Recht auf ihr angestammtes Land zu. Als sie verabschiedet wurde, hieß es, in fünf Jahren, also bis 1993, sollten die „Terras Indigenas" identifiziert und juristisch fixiert sein. Schon bei den Zahlen ist man sich überhaupt nicht einig. Die staatliche Indianerschutzbehörde Funai, von vielen Kritikern, darunter auch Glauco, eher als Nicht-Schutzbehörde bezeichnet, zählt 688 terras indigenas. Jens Glüsing macht für das schlechte Image der Funai vor allem die Politik Brasilias verantwortlich: „Die Regierung lässt die Funai verkommen. Präsidentin Dilma Rousseff hat sie weitgehend entmachtet" (Glüsing, S. 126). Der Indianer-Missionsrat der katholischen Kirche Cimi zählt anders und kommt auf 1046 Gebiete, von denen bis 2013 lediglich 363 registriert wurden. Weitere 335 Gebiete befinden sich im Registrierungsprozess und 348 Gebiete werden zwar von Indianern beansprucht, aber bisher ist noch keinerlei Verfahren eingeleitet worden.

Tatsächlich sind 13,3 Prozent des Staatsgebietes Indianerland, das sind über eine Million der 8,5 Millionen Quadratkilometer. Das klingt nach viel, machen die Indianer doch nur 0,4 Prozent der Bevölkerung aus. Von diesem Land liegen aber 98,5 Prozent in Amazonien und im Regenwald und sind für die Wirtschaft weitgehend wertlos. Dort, wo das Land wirtschaftlich gewinnbringend ist, seien es Bodenschätze, potentielle Ackerflächen, Holzwirtschaft oder Energieprojekte, gibt es erbitterten Streit. Für viele der Rechtsstreitigkeiten ist der brasilianische Staat selbst verantwortlich, da er seit den 1950er Jahren rechtskräftige

Titel für Land an Farmer verliehen hatte, das eigentlich Indianern gehörte.

Wolfang Kunath zieht deshalb eine ernüchternde Bilanz: „Immer wieder der gleiche trostlose Eindruck: dass die Indianer ihre Rechte nur dann haben, wenn sie ihnen von niemandem streitig gemacht werden“ (Kunath, S 186). In Konfliktfällen versuche der Staat oder mafiöse Gruppen sie „mit Geld und Geschenken zu besänftigen, so wie früher mit Glasperlen“ (Kunath, S. 187). Für den SZ-Korrespondenten Peter Burghardt werden die Indianer nicht als gleichberechtigte Staatsbürger angesehen: „in der Praxis werden indigene Brasilianer oft übergangen wie Kinder“ (Burghardt, S. 211).

Wolfgang Kunath fällte sein negatives Urteil, nachdem er die Guarani-Kaiowá in Mato Grosso do Sul an der Grenze zu Paraguay besucht hatte, von denen nur noch 150 übrig geblieben sind, seit 5000 von ihnen 1957 zwangsvertrieben wurden: „Alle Indikatoren beschreiben ein trostloses Bild. Zu den äußeren Veränderungen, Vertreibungen und Bedrohung durch Holz- und Ölmafia kommen die inneren Spannungen der eingepferchten, bettelarmen und ziemlich orientierungslosen Indianer ... in der Misere der Modernität zerfallen die Sozialstrukturen“ (Kunath, S. 179).

So schlimm ist es bei den Potiguara bei Weitem nicht. Sie sind aber auch viel stärker assimiliert als die Urwald-Indianer oder positiv formuliert, angepasster an das moderne brasilianische Leben. Unter den vielen indigenen Völkern finden sich alle Formen von Assimilierung, wie Martin Curi in einem Kapitel über die „Spiele der indigenen Völker“ anschaulich beschreibt:

> *„Während die Xikrin unter sich kein Wort Portugiesisch sprechen, kommen die Anweisungen des Karajá-Trainers fast ausschließlich in der Kolonial-*

sprache. Das verdeutlicht, dass es unterschiedliche Stufen der Vermischung der brasilianischen mit den indigenen Kulturen gibt. Später beobachte ich den Trainer der Javaé, der eine kuriose Mischung aus zwei Sprachen nutzt. Er erklärt mir, dass es in seiner Sprache keine Wörter für Ball und für Zahlen gibt. Eine andere interessante Vermischung ist, dass die Kaiwá vor ihrem Spiel direkt von einem indigenen Ritual in ein Vater-unser-Gebet übergehen" (Curi, S. 142).

Diese Mischung von indigenen mit christlichen und modernen Elementen findet man auch bei den Potiguara. Es gibt eigene Gesundheitsstellen nur für die Behandlung von Indianern, wo Schulmedizin mit traditioneller Medizin kombiniert wird. Nicht-Indianer können an diesen Gesundheitsstellen keine Behandlung bekommen. Gleich neben der Gesundheitsstelle auf einer Anhöhe am Strand mit Blick auf Rio Tinto steht ein Baum, dessen Zweige wie ein Zeltdach geformt sind. Unter dem Baum findet einmal im Jahr ein Toré statt, ein indianisches Ritual, zu dem unter den Baum auch nur Indianer dürfen. Trotzdem sind aber die meisten Potiguara Christen, mehrheitlich Katholiken. Sandro sagt in jedem zweiten Satz „graças a deus", Gott sei Dank. Der Kiosk in der aldeia (Dorf) trägt den Namen „Bom Jesus" und ist ein gutes Beispiel dafür, wie die indigenen Brasilianer staatliche Gesetze umgehen, so wie ihre weißen Landsleute. Wie in jedem guten brasilianischen Kiosk gibt es auch beim „Guten Jesus" Bier und Spirituosen zu kaufen, auch wenn das laut Gesetz Nr. 6601, Artikel 58, Absatz 3 vom 19. Dezember 1973 eigentlich verboten ist: „Es ist ein Verbrechen gegen die Indianer oder die indianische Kultur, wenn man, gleich welcher Art, die Anschaffung, den Verbrauch oder die Verbreitung von alkoholischen Getränken in den Stammesgruppen oder unter einzelnen Indianern ermöglicht. Strafe: sechs Monate bis zwei Jahre Gefängnis." Soweit die Theorie. Die Praxis in Rio Tinto sieht anders aus. Neben den Kiosken in den aldeias sieht man in den Kneipen des Dorfes auch sehr indianisch aussehende Brasilianer bei eiskaltem Bier oder Getränken auf Cachaça-Basis.

Trotz oder wegen des Alkoholverkaufs und -konsums ist Sandro zuversichtlich für die Zukunft. „Wir werden weiter wachsen. Für unsere Probleme haben wir unter der aktuellen Regierung sowohl in Paraíba als auch in Brasilia zum ersten Mal einen Ansprechpartner, der zu uns kommt und den wir mit unseren Anliegen besuchen können. Früher hatten wir zu Gouverneuren und Ministern so gut wie keinen Zugang.“ Die Schulen in den aldeias unterrichten auch wieder Tupi, die Muttersprache der Potiguaras, so dass die Töchter Sandros es vielleicht als zukünftige Kazikes, wieder anwenden können. Frauen steht das Amt nämlich auch zu. Die Potiguara werden nie mehr den verbreiteten Indianerklischees entsprechen. Der erfolgversprechendste Weg für einen Brasilianer mit nicht-portugiesischen Wurzeln, scheint ein gesundes Mittelmaß zwischen Bewahrung und Anpassung zu sein.

Mehr als Garota de Ipanema

Die fünfte Jahreszeit im Nordosten Brasiliens wird rund um den 24. Juni gefeiert. Das ist der Tag der Wintersonnenwende und Johannes des Täufers, auf Portugiesisch São João. Der Karneval ist dort aber bestenfalls die sechste Jahreszeit, spielt nur in wenigen Städten des Nordostens eine wichtige Rolle und wird nicht so fernsehwirksam wie in Rio gefeiert. Es geht eher züchtig zu. São João wird über etwa einen Monat von Sergipe (Aracajú) bis Fortaleza gefeiert. Mit Zelten, Buden, kleinen Ständen spezialisiert auf Hochprozentiges oder Fettiges, ein für alle erschwingliches Volksfest. Das Herz jedes São João Festes, egal ob es sich nur um ein Zelt oder ein ganzes Viertel handelt, so wie in Campina Grande, ist die Bühne, auf der abendlich wechselnde Musikgruppen auftreten, die alle den selben Musikstil spielen, Forró. Das passt auch ideal zur Entstehungsgeschichte des Wortes, das einfach als Synonym für Fest benutzt wurde, wie Jorge Ribbas, der Musikprofessor, Musikschulenbesitzer und Forrómusiker in seiner Musikschule im Zentrum Campina Grandes erklärt. Forró ist einfach die Kurzform von forrobodo, was Fest und Unordnung bedeutet. Man findet in der Literatur dafür abenteuerlichere und internationalere Erklärungen wie eine Ableitung aus „for all“, das eine britische Eisenbahngesellschaft angeblich bei einem Fest zur Einweihung einer Eisenbahnlinie in Pernambuco verwendete. Die Brasilianer, die das nicht richtig aussprechen konnten, machten daraus angeblich forró. Musiker in Paraíba, die während São João

aufgetreten sind, halten dies für eine Legende. Aber wenigstens eine schöne.

Forró ist die dominante Regionalmusik im Nordosten Brasiliens. Auch der Samba und der Bossa Nova sind eigentlich regionale Musikstile, deren Zentrum Rio de Janeiro ist. Eigentlich hat jede Großregion ihre eigene Musik, ihre eigenen Rhythmen. In Manaus und dem westlichen Amazonasgebiet ist das der Boi, die Musik des Amazonaskarnevals. In Belém und dem östlichen Amazonasgebiet ist Brega angesagt, Maranhão ist die Heimat des brasilianischen Reggea, Sklaven haben ihn aus der Karibik mitgebracht. Bahia ist die Heimat des Axé und Porto Alegre steht für brasilianischen Rock. „Von all den brasilianischen Musikstilen ist nur der Samba ein internationaler Exportschlager, unser kulturell-kommerzielles Zentrum“, führt Jorge Ribbas weiter aus. „Samba ist wie der Blues, institutionalisiert über die Medien. Wenn ich im Ausland bin bei Festivals, denken die Zuhörer, aber auch viele der anderen Musiker, dass ich so was wie „Garota de Ipanema“ (Das Mädchen von Ipanema) spielen würde und sind dann überrascht, dass unsere Musik so gar nichts damit gemein hat.“ Das 1962 von Tom Jobim komponierte Mädchen von Ipanema ist der größte Welthit Brasiliens. João Gilberto machte daraus zusammen mit dem US-amerikanischen Jazz-Saxophonisten Sten Getz, einen internationalen Erfolg, auch weil Gilbertos Frau Astrud das Lied im Ausland auf Englisch vortrug.

Der Bossa Nova steht mit seinem Vorgänger, dem Samba, fast synonym für brasilianische Musik, „ist irgendwie intellektuell und mittlerweile in Brasilien eine Nischenveranstaltung“, wie Jens Glüsing von der Geschichte des Bossa Nova begeistert berichtet (Glüsing, S. 177). Abwertend könnte man sagen, Bossa Nova ist, wenn keiner hingeht. Die Brasilianer strömen zur populären Musik, einer Art brasilianischer Countrymusik und zu der Musik ihrer Feste. Seit dem 19. Jahrhundert ist das im Nordosten der Forró, für den laut Ribbas „vor allem europäische Rhythmen und Einflüsse entscheidend waren.“ Dazu zählten vor allem Musikstile Osteuropas wie Polka und Roma-Musik. Im Laufe der Zeit wurden im Forró verschiedene Instrumente eingesetzt, zu Beginn häufig die Viola, die aus Portugal eingeführt wurde. In der klassischen Zusammensetzung kommt aber schon lange kein Saiteninstrument mehr vor. Die Grundbesetzung ist heute ein Trio aus Akkordeon oder einem verwandten Instrument, Trommel und Triangel. Es gibt auch Instrumentalstücke, aber die meisten sind mit Gesang.

Spontaner Forró-Tanz im São João Viertel in Campina Grande und ein Gruppen-Kreistanz in einem Forró-Zelt im Stadteil Catolé.

Ribbas erklärt, dass Forró ein Überbegriff für unterschiedliche Rhythmen ist, „die zwischen Bahia und Fortaleza kaum Unterschiede aufweisen. Alle Musiker spielen in der Regel auch alle Rhythmen.“ Diese gehen vom Xote (Schote gesprochen), der für eine romantischere Version steht über den Baião bis zum arresto pe, der Schnellversion.

Alle Stile sind Tanzmusiken. Da der Forró in den 80er Jahren für den kurzzeitig sehr populären Lambada Pate stand, kann man sich vorstellen, dass auch der Forró nicht gerade viel Distanz zwischen den Tanzpartnern lässt. Praktisch gar keine. Für den ungeübten Blick ähnelt er durchaus dem Salsa, allerdings mit dem Unterschied, dass sich die Tänzer von ihrem Standplatz kaum fortbewegen.

Seit den 1950er Jahren ist der Forró mehr als nur eine Regionalmusik. Durch die Arbeitsmigration aus dem Norden und Nordosten in den Süden, sind auch dort Forró-Feste entstanden, Nordost-Märkte wie in Rio und São Paulo und später auch eigene Forró-Gruppen, die dem Forró eine eigene südbrasilianische Variante gaben. Lange Zeit galt der Forró bei den bohèmen Cariocas und Paulistas als die Musik der Hausangestellten und Taxifahrer.

Seit einigen Jahren schaffte es der Forró auch verstärkt ins Ausland, zunächst nach Portugal, wo aufgrund der Migrationsbewegungen brasilianische Musik jenseits des Samba schon länger bekannt ist. Seit der Jahrtausendwende etablierten sich in mehreren europäischen Städten Forró-Festivals, z.B. in Barcelona und Stuttgart. Die Altmeister des Forró wie Luis Gonzaga, Dominguinho oder Jackson do Pandeiro, dem in Campina Grande eine Statue und ein eigener Raum im neugegründeten Heimatmuseum gewidmet sind, werden in Europa wohl nicht mehr bekannt werden, vielleicht aber deren musikalische Enkel. „Endlich versteht auch das Ausland, dass es in Brasilien mehr gibt als Garota die Ipanema“, seufzt Ribbas erleichtert.

Leticce Akkordeons

Über dem Eingang hängt ein wenig bescheidenes Schild: „Leticce - das beste Akkordeon der Welt." Die Straße zur Werkstatt hat noch nichts von Weltklasse, ein Sand-Schlamm-Weg mit tiefen Schlaglöchern am Rande der Industriezone Campina Grandes, der zweitgrößten Stadt in Paraíba. Leticce wurde 2003 von Amazan Silva gegründet, ein Forró-Musiker, der selber Akkordeon spielt. Seine Tochter Marileide fungiert als Verkaufsdirektorin und führt durch die Werkstatt, in der 18 Angestellte etwa 100 Akkordeons pro Jahr herstellen.

Amazan spielte seit den 1990er Jahren Akkordeon und trat mit seiner Forró-Gruppe auf. Eine klassische Forró-Gruppe besteht aus einem Akkordeon, einer Trommel, einer Triangel und Gesang, meistens singt der Akkordeonspieler, aber das kann sich von Gruppe zu Gruppe ändern.

„Mein Vater spielte Akkordeon, begann aber auch, Akkordeons zu reparieren und sich mit der Technik zu beschäftigen. Damals kamen die Akkordeons entweder aus Südbrasilien oder aus Italien," erklärt Marileide in ihrem Büro. Italien gilt für die Silvas bis heute als das non plus ultra beim Thema Akkordeon. Amazan reiste mehrmals nach Italien, vor allem nach Castelfidardo in der Nähe von Ancona, wo es mehr als 50 Akkordeonwerkstätten gibt.

Dort lernte er über eineinhalb Jahre den Akkordeonbau von der Pike auf. Seit 2003 stellt er seine eigenen Akkordeons her. Der Name seines Akkordeons kommt vom Frauennamen Letice, „wir schreiben das mit cc, weil das italienischer aussieht."

Noch immer kommt das gesamte Material, vom Holz bis zu den Verkleidungen aus Italien, wird aber zu 100 Prozent in Campina Grande zusammen gebaut. Mittlerweile ist Leticce auch der einzige Akkordeonhersteller in Brasilien, da die südbrasilianischen Werkstätten, in der Regel deutsche und italienische Einwanderer, zwischen 1960 und 2000 alle ihre Produktion einstellten. „Wir verkaufen nach ganz Brasilien, aber der Schwerpunkt ist der Nordosten. Die meisten unserer Kunden sind Forró-Musiker, etwa 65 Prozent," erläutert Marileide beim Gang durch die Werkstatt.

Die 18 Mitarbeiter sind jeder auf nur ein Bauteil spezialisiert. Der Bau eines Akkordeons dauert zwischen 45 und 70 Tage. Darin sind auch gewisse Ruhezeiten eingerechnet, in denen bestimmte Teile gut trocknen müssen. Unter Leticce gibt es drei Akkordeon-Typen, die Basisversion für 13.000 RS (4350€) mit drei Stimmstöcken und 80 Bassknöpfen. Die mittlere Version hat 120 Bassknöpfe und die teuerste Version für 19.000 bis 22.000 RS (7350€), je nach persönlicher Gestaltung, hat vier Stimmstöcke und 120 Bassknöpfe. „90 Prozent wählen die teuerste Version, den Käufern ist Qualität wichtig und das ist unser Premiumprodukt. Wir sind auch die einzigen, die Akkordeons mit vier Stimmstöcken in Brasilien herstellen." Zu den Musikern, die auf Leticce-Akkordeons setzen gehören Forró-Größen wie Mastruz com Leite, Dominginhos oder Avion de Forróo, aber auch Sertanejo-Musiker wie Cesar Menotti und Jorge Matteus.[29]

[29] Weitere Informationen zu Leticce: www.leticce.com.br

Wunden öffnen - Brasilien und die Militärdiktatur

Brasilien wurde 21 Jahre lang zwischen 1964 und 1985 vom Militär regiert. 1979 amnestierten sich die Generäle und alle, die ihnen bei den Verbrechen halfen, die während der Diktatur verübt wurden. Trotzdem gibt es seit 2012 eine Wahrheitskommission, die Informationen, Namen und Daten sammelt. Zur Zeit können die Folterer nur moralisch verurteilt werden, aber es besteht Hoffnung, dass durch das gesammelte Material der Druck wächst, das Amnestiegesetz aufzuheben.

Die Staatliche Universität von Campina Grande (UFCG) ist architektonisch keine Besonderheit. Eine Anreihung von Funktionsgebäuden, die dominante Farbe ist mausgrau. Zimmer 15 des Fachbereichs Sozialwissenschaften ist ein kleines Klassen-zimmer für etwa 20 Studierende. Am 11. Juli 2014 fand aber keine normale universitäre Veranstaltung statt, auch wenn zwei Professoren vorne an einem Tisch sitzen. Links und rechts von ihnen wurden sie von zwei älteren Männern flankiert. Beide Zeugen tragen Baseballkappen und Sonnenbrillen. Diese sollen so weit das geht, die Tränen und Emotionen verbergen.

„Unsere Aufgabe ist die schwerste", sagt Professor Fabio Freitas nach der Anhörung. „Wir müssen die Wunden aufreißen, aber es ist notwendig." Prof. Freitas ist einer von sieben Mitgliedern der Kommission für Wahrheit und Bewahrung der Erinnerung Paraíbas. Freitas leitet die Gruppe „Folter-Karte", die Informationen von Opfern des Militärregimes in Paraíba oder von Paraibanern sammelt, die in anderen Bundesländern Brasiliens Opfer wurden.

Die Sonnenbrillen wurden nicht umsonst aufgesetzt. Die zwei Zeugen der 16. öffentlichen Anhörung der Arbeitsgruppe wurden 1965 wegen Mitgliedschaft in linken Organisationen verhaftet. Es ist das erste Mal überhaupt, dass sie die Möglichkeit haben, von ihrem Schicksal zu berichten. „Ich erlebe in diesen öffentlichen Anhörungen, dass Menschen erleichtert sind, endlich davon erzählen zu können. Auf der einen Seite fühle ich Freude, dass wir es endlich aufarbeiten, aber gleichzeitig bin ich traurig, weil wir die grausamste Aufgabe haben. Niemand der es nicht persönlich erlebt hat, kann sich das vorstellen. Es gab alle Formen der Entmenschlichung, auch hier in Paraíba."

Am 31. März 1964 putschte das Militär. Am Tag zuvor versprach Präsident Goulart Reformen: Eine Landreform, neue Arbeitsgesetze und ein Wahlrecht für Analphabeten. Darüber hinaus wollte er mehr Unabhängigkeit von den USA. Eigentlich nichts Revolutionäres, aber zu viel für die Generäle, die fürchteten, das kubanische Virus könnte auf Brasilien überspringen. In Brasilia übernahm General Humberto Castelo Branco die Macht. Viele Brasilianer unterstützen wenigstens anfangs die Putschisten. Allerdings gingen sie davon aus, dass die Militärs nur bis zu den für 1965 angesetzten Wahlen an der Macht bleiben würden (siehe Glüsing, S. 33). Das war ein Trugschluss. 1967 wurde Castelo Branco von Artur da Costa e Silva abgelöst. Ein Jahr später verkündete er das berüchtigte Verfassungsdekret Nr. 5 (AI5). Die Militärs lösten den Kongress und die Landesparlamente auf, setzten die Verfassung außer Kraft und führten eine strenge Zensur ein.

Unter der Herrschaft Generals Emilio Garrastazu Medici Anfang der 1970er Jahre eskalierte der schmutzige Krieg gegen die Regimegegner. Im Amazonasgebiet kam es zu einem Vernichtungskrieg gegen eine Guerilla am Rio Araguaia. Dabei kam auch das aus dem Vietnamkrieg berüchtigte Brandmittel Napam zum Einsatz. Die Generäle hatten bei ihrem Feldzug gegen die Guerilla auch eine (un)menschliche Spezialwaffe mit einem sympathischen Spitznamen: Curió, ein Vogel aus dem Amazonasgebiet, der in Gefangenschaft gegen seinesgleichen aggressiv kämpft. Curió, dessen bürgerlicher Name Sebastiao de Moura ist, reiste bereits Ende der 1960er Jahre in das Guerillagebiet, zuerst, um Informationen zu sammeln, aber schon bald war er für seine Brutalität berüchtigt: „Gefangene wurden hingerichtet und dann enthauptet, sie schnitten ihnen noch die Hände ab“ (Glüsing, S. 34). Anwohner wurden gezwungen, mit den Soldaten zu kooperieren, wer sich weigerte wurde gefoltert oder erschossen.

In den Städten gingen Oppositionelle in den Untergrund. Es bildeten sich Widerstandsgruppen wie das Comando de Libertacão Nacional (Colina), das den bewaffneten Kampf gegen die Militärdiktatur propagierte. In São Paulo war damals die politische Polizei DOPS für die Bekämpfung der Opposition und Widerstandsgruppen zuständig. Auf dem Weg zu einem konspirativen Colina-Treffen in São Paolo wurde eine junge Frau mit Hornbrille gefangen genommen. Sie wurde in das Oban, Operacão Bandeirantes, gebracht, das berüchtigte Folterzentrum der Stadt. Nur einmal, viele Jahre später im Jahr 2005 äußerte sie sich öffentlich in einem Interview mit der Folha de São Paulo über die erlittene Folter im Oban: „Dort urinierst und scheißt du alles.“ Nach dieser Folter wurde die junge Frau, die aktuelle Präsidentin Dilma Rousseff, im Februar 1970 in Zelle 6 des Gefängnis‘ Tiradentes überführt. Dilma saß fast drei Jahre mit ca. 50 Frauen im sog. Minnenturm des Gefängnisses. Sie wurde im Dezember 1972 entlassen. Das Amnestiegesetz schützte nicht nur die Folterer, sondern erleichterte auch Guerilleros und Exilanten die Reintegration. Dilma zog nach Porto Alegre und begann dort ihre politische Karriere.

39 Jahre später, zu ihrer Amtseinführung am 1.1. 2011 lud sie 17 Mitgefangene nach Brasilia ein. Curió war nicht eingeladen, hätte aber leicht kommen können. Der mittlerweile 79jährige lebt dort in einem besseren Viertel mit üppiger staatlicher Pension, laut „Spiegel" von monatlich umgerechnet 2500€.[30] Noch während der Diktatur machte er eine prächtige Karriere, leitete sogar die größte Goldmine Brasiliens (Serra Pelada). In und um die Goldminen zog er sein straffes Regiment auf und gründete eine ganze Stadt um Bordelle herum. Nach Ende der Diktatur fügte er dem noch eine erfolgreiche politische Karriere hinzu, er war Abgeordneter im Kongress und zweimal Bürgermeister von Curionópolis, der Goldgräberstadt, die später sogar nach ihm benannt wurde.[31] Nach der Diktatur mussten Folterer und Gefolterte oft Seit an Seit leben und arbeiten, gerade in politischen Institutionen trafen sich die beiden Seiten häufig.

Wenn man von Militärdiktaturen, Folter, Verschwundenen und Wahrheitskommissionen in Lateinamerika spricht, dominieren

---

[30] Erich von Follath / Jens Glüsing, Fürst der Finsternis, 15.04. 2013, http://www.spiegel.de/spiegel/print/d-92079494.html

[31] 2012 eröffnete die Staatsanwaltschaft des Bundesstaates Pará erstmals ein Verfahren wegen Entführung gegen Curió und einen seiner Helfershelfer. Solange die Verschwundenen nicht auftauchten, gelten diese Verbrechen nach Interpretation der Staatsanwälte als Entführungen und sind nicht abgeschlossen. Mit Hilfe dieser juristischen Konstruktion lassen sich die Verantwortlichen trotz der Amnestie zur Rechenschaft ziehen, hoffen Menschenrechtler und Juristen (Glüsing, S. 38).

Länder wie Argentinien, Chile oder Guatemala die Diskussion. International ist sehr viel weniger über die brasilianische Militärdiktatur bekannt, die auch tötete, folterte, misshandelte und demütigte. Das kann daran liegen, dass die Zahl der Verschwundenen, euphemistisch für extra-legal Ermordete, im Vergleich mit anderen Ländern eher gering ist. Neuere Studien zeigen, dass etwa 400 Personen in den 21 Jahren getötet wurden. Die Zahl der Gefolterten war deutlich höher. Die Folter verfolgte drei Ziele:

- die politische Führung der Opposition in einer sehr brutalen und langsamen Art und Weise als mahnendes Beispiel zu töten
- Informationen über Aktivisten, Beziehungen und Orte zu erfahren
- ein Klima der Angst zu schaffen, das Kritik weiter unterdrückt.

Dieses System war nicht billig. Die Folter(er) wurde zu einem großen Teil von privaten Geldgebern finanziert, meistens waren das Firmen, die mit dem Militär zusammen arbeiteten. Das war auch in Campina Grande so.

Während andere lateinamerikanische Länder breite gesellschaftliche Debatten, Wahrheitskommissionen und Gerichtsverfahren durchlebt haben, blieb es in Brasilien eher ruhig. Für den Historiker Souza Mendes geschah dies nur dort, wo sich eine „Kultur des Erinnerns entwickelt, zum Beispiel in Argentinien oder in Chile. Aber in Brasilien beobachten wir das nicht.“[32]

[32] Wolfgang Kunath, „Wir haben nicht genug gelernt“, Frankfurter Rundschau, 1. April 2014, http://www.fr-online.de/kultur/militaer-putsch-in-brasilien--wir-haben-nicht-genug-gelernt-,1472786,26718086.html

Für Jens Glüsing hatte das Schweigen auch Vorteile: „Brasilien hat ein kurzes Gedächtnis. ... Brasilien interessiert sich nicht sehr für seine Vergangenheit. ... Es trägt zur Lebensfreude bei, wenn man schnell vergisst. ... Ist das Land der Zukunft also in Wirklichkeit ein Land ohne Vergangenheit?“ (Glüsing, S. 199).

Lange Zeit schien es so. Auch wenn das Amnestiegesetz bisher nicht angetastet wurde, ist aber gerade seit 2010 Bewegung in die Vergangenheitsbewältigung gekommen. Der erste Impuls kam aus dem Ausland. Der Interamerikanische Gerichtshof für Menschenrechte verurteilte Brasilien wegen der Verschleppung und Ermordung von 62 Regimegegnern und forderte, die Verantwortlichen zur Rechenschaft zu ziehen (siehe Glüsing, S. 37). Daraufhin ließ die Regierung an zahlreichen Stellen im Land nach Überresten der Verschwundenen suchen, z.B. in einem Massengrab in São Paulo im Februar 2011. Ein Jahr später, im Mai 2012, setzte Dilma Rousseff eine Wahrheitskommission ein, die im Auftrag des Staates begangene Menschenrechtsverbrechen von 1946 bis 1988 aufklären soll. Das staatliche Gesetz machte es möglich, dass auch die 26 Bundesstaaten ihre regionalen Wahrheitskommissionen gründen konnten, was Paraíba bereits im Oktober 2012 umsetzte. Die paraibanische Kommission begann ihre Arbeit im März 2013 und wird bis Ende 2014 tagen.

Prof Freitas verteidigt die Arbeit der Kommission:

> *„Der brasilianische Weg startete mit einem Fehler. Das Amnestiegesetz machte eine Aufarbeitung unmöglich. Andere Länder haben das besser gemacht. Was wir machen, ist zum ersten Mal eine Dokumentation der Folter, gesetzliche Änderungen Ende 2012 haben es uns auch ermöglicht, zuvor geschlossene Archive zu konsultieren. Einige sagen, dass unsere Arbeit wertlos ist, weil wir nur Informationen produzieren. Andere werfen uns Revanchismus vor. Aber das hat nichts damit zu tun. Es ist eine Frage der Gerechtigkeit. Die Familien finden die sterblichen Überreste ihrer Verwandten. Aber die leben noch. Es ist für die, die leben und für die Zukunft."*

Auch Luis Fernando Verissimo, ein Altmeister unter den Chronisten, gewinnt diesem Prozess positive Züge ab: „In Brasilien haben wir uns daran gewöhnt, mit Elefanten zusammen zu leben. ... Fast dreißig Jahre wurde diesem Elefanten keine Aufmerksamkeit geschenkt, er lebte unter uns wie ein Verwandter, der kaum störte. Die Kommission wird die Untaten von damals nicht bestrafen. ... Aber wenigstens gibt man zu, dass der Elefant existiert. Und zitiert ihn vor Gericht" (zitiert in Leuthold, S. 200).
Bis zum Sommer 2014 wurden von der Wahrheitskommission acht Paraibaner registriert, die getötet wurden und 39, die gefoltert wurden. Es gibt aber auch Personen, die nicht aussagen wollen, da sie mit dieser Zeit abgeschlossen haben. Mit den Aussagen werden mehr und mehr Informationen und Details über bestimmte Folterer gewonnen, die damals in Paraíba aktiv waren, dies aber verneinen und bis heute als respektierte Mitglieder ihrer Gemeinden leben. Ein konkretes Beispiel ist Sergeant Marino, der damals in der 5. Infanterie-Kompanie in Campina Grande stationiert war. Marino, der mittlerweile in der Nähe von Fort-

aleza lebt, hat auch im Zuge der Anhörungen immer wieder abgestritten, von Folter gewusst zu haben. Seit Frühjahr 2014 haben ihn aber mehrere Zeugen widerlegt und ausgesagt, er sei während ihrer Folterungen anwesend gewesen. „Nur einer wäre schon genug, um ihn zu widerlegen", kommentiert dies Prof. Freitas.

„Hoje tem coisas boas", heute passieren gute Dinge, sagt Freitas (Foto) als wir das Klassenzimmer am 11. Juli verlassen. Es gebe mehr Bücher, Dokumentationen und ein gewachsenes Bewusstsein für das Thema. Viele der Guerillas haben ihre Erfahrungen niedergeschrieben. Der laufende Prozess ermutigt immer mehr, das selbst auferlegte Schweigen zu brechen: „Ich habe die Hoffnung, dass das Amnestie-Gesetz eines Tages geändert und aufgehoben wird. Ob ich dann noch lebe, weiß ich nicht, aber es wird geschehen."

Schulsystem für reiche Großstädter

26.6. 2014: Motiva-Schule in Campina Grande im Stadtteil Catolé, Interview mit Carlos Barbosa, dem Gründer und Direktor (Diretor Geral) der Motiva-Schulen.

11.10 Uhr, es regnet leicht bei angenehmen 20 Grad. Das Anwesen ist von einer weißen etwa drei Meter hohen Mauer umgeben. Im Eingangsbereich steht Sicherheitspersonal mit dem obligatorischen Knopf im Ohr, ein Uniformierter überwacht Innen und Außen auf zahlreichen Monitoren. Das Anwesen ähnelt ein wenig einer Botschaft, ist dann aber doch nicht so streng überwacht. Wir sind in einer Schule, einer privaten.

11.12 Uhr, der Direktor ist nicht auffindbar, es wird hin und her telefoniert. Warten. Neben uns sitzt ein älterer Herr, der ab und zu telefoniert. Später erfahre ich, dass es der Präsident des Stadtparlaments ist. Es wird 11.30 Uhr, 11.45, keine Spur vom Direktor. Dann erscheint er, unprätentiös, in Jeans und Polo-Shirt, beides dunkelblau und lädt uns in sein Büro. Er entschuldigt sich mit den Worten, „da ihr um 11 nicht da wart, bin ich zu einem anderen Treffen gegangen.“ Recht hat er, ich dachte schon, dass ist die laxe brasilianische Art, aber vereinbart war um 11 Uhr. Eine ungewohnte brasilianische Pünktlichkeit, gerade im Nordosten. Aber vielleicht doch gar nicht so ungewöhnlich. Carlos Barbosa ist der Gründer und Direktor der Motiva-Schulen, von denen es zur Zeit vier gibt, zwei in Campina Grande und zwei in João Pessoa. Die fünfte wird 2015 in João Pessoa eröffnet, alle Plätze sind schon vergeben.

Barbosa ist kein Industrieller oder Großgrundbesitzer, der sich als Hobby eine Vorzeigeschule leistet:

> *„Ich war Biologielehrer an Schulen in Campina Grande und Teil des brasilianischen Systems. Eines der Hauptprobleme unserer Schulen ist, dass die meisten Lehrer an drei, vier oder noch mehr Schulen gleichzeitig unterrichten. So entsteht keine Bindung zwischen Lehrer und Schule, die Identifikation mit einer Einrichtung fehlt. Lehrer machen das, weil ihnen das Gehalt einer Schule nicht reicht, da in Brasilien alle Lehrer nach Stunden bezahlt werden und keinen allgemeinen Arbeitsvertrag mit einer Schule haben. Bei uns arbeiten 70% der Lehrer nur an unserer Schule, 30% arbeiten darüber hinaus auch noch an anderen Schulen, aber mein Ziel ist es, die Zahl der nur für uns arbeitenden Lehrer kontinuierlich zu erhöhen. So wie man auch nicht gleichzeitig für Bayern München und Borussia Dortmund spielen kann, so sollte man auch nur an einer Schule arbeiten und sich mit dieser voll identifizieren. Das Argument der Lehrer ist, dass sie sich nicht vollkommen sicher fühlen und deshalb auf mehrere Pferde setzen, aber meiner Meinung nach findet ein guter Lehrer immer und überall einen Job, sie sollten also vor Arbeitslosigkeit keine Angst haben.“*

Das brasilianische Schulsystem hat drei Ebenen: Staat, Land und Stadt (Kommune). Staatlich sind nur die Universitäten, Gymnasien gehören dem Land und die Grundschulen und Kindergärten der Kommune. Brasilianer haben also gar nicht die Möglichkeit, z.B. auf eine staatliche Grundschule zu gehen.

Gemäß den Pisa-Studien ist das brasilianische Schulsystem schlecht. In Mathematik erreichten die Schüler nur den 53. von 57 Plätzen. Öffentliche Schulen werden heutzutage fast ausschließlich von den Kindern der Armen besucht. Die meisten Mittelschicht-Eltern bezahlen die Kosten der Privatschulen. Damit haben ihre Kinder alle Chancen, die Eintrittsprüfungen in eine staatliche Universität zu bestehen. Die staatlichen Universitäten sind gut und gratis. „So bewahrt sich die Elite ihre Privilegien, während sich die Kinder aus schwachen, sozialen Schichten nach Besuch der öffentlichen Grundschulen in schlechte und teure Privatuniversitäten einschreiben müssen“ (Leuthold, S. 10).

Das private Schulsystem hat auch drei Ebenen: 1) konfessionelle Schulen, hauptsächlich katholische und protestantische 2) philanthropische Schulen, die meist von Stiftungen betrieben und staatlich subventioniert werden 3) reine Privatschulen, die dritte und größte Gruppe, die rechtlich wie Firmen angesehen werden und Steuern und Abgaben zahlen. „Wir zahlen für 100 eingenommene Reais 37% Steuern.“ Die Haupteinnahmequelle ist das monatliche Schulgeld, das die Eltern zahlen. Das schwankt zwischen 550 (175 Euro) und 850 RS (270 Euro) und gilt nur für die reine Lehre. Essen, Transport, Schulkleidung, Bücher, Hefte etc. kommen für die Eltern noch dazu. Der Preisunterschied kommt zustande, da die Kinder halbtags oder ganztags an der Schule bleiben können. In den beiden Schulen in Campina Grande sind 2700 Schüler eingeschrieben. Davon bekommen 150 ein Vollstipendium. Um die 2700 Schüler kümmern sich 160 Lehrer, 130 Angestellte (vom Koch bis zum Gärtner) und 26 Techniker. An den zwei Schulen in João Pessoa sind insgesamt 4200 Schüler eingeschrieben.

Laut Barbosa gibt es in Brasilien sehr gute und sehr schlechte Schulen, „aber im Durchschnitt ist es katastrophal (ruim). Das brasilianische Schulsystem braucht vor allem zwei wichtige Reformen: Die Ganztagsschule und engagierte Lehrer, die sich mit ihrer Schule identifizieren."

Auswahl der SchülerInnen

Die Aufnahme der Schüler erfolgt nach drei Kriterien: Das Alter muss stimmen. Für die erste Klasse darf das Kind nicht älter als sechs Jahre alt sein. Dazu kommt eine schriftliche Prüfung und ein Gespräch. Bei Kindern unter 10 Jahren, wird dieses Gespräch mit den Eltern geführt, danach mit Eltern und Kind. Dabei geht es darum, die Beweggründe der Eltern für die Wahl der Schule zu erfahren: „Wenn sie sagen, weil die Schule einen guten Ruf hat, Preise gewinnt und ein gutes Image hat, vergiss es. Wenn sie sagen, weil ihnen eine gute Ausbildung wichtig ist, weil sie in die Bildung investieren wollen, ist es das, was ich hören möchte." Beim schriftlichen Test müssen mindestens 6 Punkte erreicht werden. Wer weniger hat aber viel Geld, kann dennoch nicht aufgenommen werden. Wer 6 oder mehr Punkte hat und kein Geld, bekommt ein Stipendium, wer nicht ausreichend Geld hat, bekommt eine Ermäßigung. Das sind zur Zeit 270 Kinder, die eine Ermäßigung zwischen 10 und 70 Prozent erhalten, das berechnet sich nach dem Einkommen der Eltern.

Brasilien nimmt seit einigen Jahren an den PISA-Studien teil und hat darüber hinaus ein eigenes Bewertungssystem, Enem, für alle Schulen entwickelt. Das Ergebnis von 2011 schmeichelt den Motiva-Schulen in Paraíba, da sie die ersten beiden Plätze im Bewertungssystem belegen. Dieser Erfolg legt aber auch den Finger in die brasilianische Bildungswunde. Die Ergebnisse für den Staat Paraíba machen den Qualitätsunterschied zwischen privat und öffentlich deutlich und zeigen auch ein eindeutiges Stadt-Land-Gefälle. Unter den besten 20 Schulen sind lediglich 2 staatliche Schulen und unter den 20 schlechtesten sind alle staatlich und davon keine in den beiden größten Städten João Pessoa oder Campina Grande. Reich in der Großstadt hat viel bessere Bildungsmöglichkeiten als arm im Dorf.

Tabelle: Die 20 besten Schulen in Paraíba 2011[33]

1	JOAO PESSOA	CENTRO PESSOENSE DE EDUCACAO - COLEGIO MOTIVA	Privada
2	CAMPINA GRANDE	CENTRO CAMPINENSE DE EDUCACAO LTDA COLEGIO MOTIVA	Privada
3	CAMPINA GRANDE	ESC VIRGEM DE LOURDES	Privada
4	JOAO PESSOA	ESCOLINHA RISQUE E RABISQUE LTDA	Privada
5	JOAO PESSOA	COLEGIO MARISTA PIO X	Privada
6	JOAO PESSOA	INSTITUTO JOAO XXIII	Privada
7	JOAO PESSOA	COLEGIO NOSSA SENHORA DE LOURDES	Privada
8	CAMPINA GRANDE	COLEGIO IMACULADA CONCEICAO	Privada
9	JOAO PESSOA	COLEGIO PIO XI	Privada
10	JOAO PESSOA	COLEGIO GEO TAMBAU	Privada
11	JOAO PESSOA	INSTITUTO FEDERAL DE EDUCACAO CIENCIA E TECNOLOGIA DA PARAIBA	Federal
12	JOAO PESSOA	COLEGIO COLIBRI LTDA	Privada
13	CAJAZEIRAS	ESCOLA TECNICA DE SAUDE DE CAJAZEIRAS	Federal
14	JOAO PESSOA	GEO SUL	Privada
15	POMBAL	ESCOLA MENINO JESUS	Privada
16	SAPE	INSTITUTO MON SERRAT	Privada
17	CUITE	CENTRO EDUCACIONAL MILLENIUM	Privada
18	PATOS	FERA COLEGIO E CURSO	Privada
19	JOAO PESSOA	VIA MEDICINA COLEGIO E CURSO LTDA	Privada
20	AREIA	COLEGIO SANTA RITA	Privada

Fremdsprachen und Extra-Curriculum

Schnell merkt man in Brasilien, dass man außerhalb São Paulos, Rios und Brasilias eigentlich nur mit Portugiesisch weiter kommt. Obwohl an allen Schulen mindestens Englisch als Fremdsprache unterrichtet wird, beherrschen nur wenige der Schulabsolventen diese Sprache einigermaßen:

[33] Quelle: http://educacao.uol.com.br/noticias/2012/11/22/confira-os-20-melhores-colegios-da-paraiba-segundo-o-enem-por-escola.htm. Die landesweit beste Schule war das Objetivo Colégio Integrado in São Paulo. Die beste staatliche Schule war das Colégio de Aplicação da UFV (Universidade Federal de Viçosa) in Minas Gerais.

„Das Problem beim Fremdsprachenunterricht ist, dass die meisten brasilianischen Lehrer die Fremdsprachen selber nicht können. An unserer Schule ist es deshalb ein Muss für einen Fremdsprachenlehrer, dass er oder sie mindestens ein Jahr in einem englischsprachigen Land gelebt haben muss, welches Land spielt dabei keine Rolle, von Kanada bis Neuseeland, Irland oder USA, das ist egal. Die Ausnahme von dieser Regel sind Lehrer mit sehr guten Cambridge oder Oxford Zertifikaten. Wir haben zur Zeit einen sehr guten Englischlehrer, der noch nie außerhalb Brasiliens war, aber exzellente Zertifikate hat."

Über den „normalen" Fremdsprachenunterricht hinaus gibt es seit einem Jahr einen Kurs, der in Zusammenarbeit mit der Botschaft Großbritanniens angeboten wird. Im Fach „Cultura inglesa" (englische Kultur) werden die Schüler auf ein Studium in Großbritannien vorbereitet.

Sowohl in den staatlichen als auch privaten Schulen muss der Lehrplan, der vom Ministerium kommt, umgesetzt werden. Bei der Gestaltung der Wahlfächer gibt es größere Freiheiten. An allen Motiva-Schulen gibt es zusätzliche Angebote wie Kammerorchester, Chor, 12 Sportarten, Theater, Ballett, Tanz oder Schach. Die Kinder können wählen, was sie wollen, sind aber nicht verpflichtet, einen Wahlkurs zu belegen.

UNESCO-Schule

Seit 2010 ist Motiva eine von der UNESCO anerkannte Schule. Wer zu diesen Schulen gehören will, muss die drei Säulen der UNESCO akzeptieren und in der Praxis umsetzen: Die Landeskultur pflegen, eine Werteerziehung anbieten und sich für die Erhaltung der Umwelt einsetzen. „Dieses UNESCO-Siegel ist auch ein Zeichen für Qualität und hilft sehr beim interkulturellen Austausch. Jedes Jahr bereisen wir ein anderes Land, um dort das

Schulsystem kennen zu lernen. Wir waren z.B. schon in Finnland und Spanien. Nächstes Jahr geht es nach Kanada. Wir reisen dann als Gruppe von etwa 60 Lehrern aus verschiedenen lateinamerikanischen Ländern."

Zur Motiva-Schule in Campina Grande gehört auch ein kleiner Zoo mit Ziegen, Hasen, Pferden, Hühnern und Ochsen. Ein bisschen surreal. Den wohlbehüteten Kindern werden hinter Mauern Tiere gezeigt, die sie eigentlich von außerhalb der Mauern kennen müssten.

Um ihre Motorik zu entwickeln, gibt es spezielle Turneinheiten. Den Kindern und ihren Eltern kommt nicht (mehr) in den Sinn, dass sie diese beim Spielen und Herumtollen eigenständig entwickeln könnten.

Basilien wird weltweit für seine sozialen Programme gefeiert, nicht aber für die Bildungspolitik, die auch deutlich schwieriger zu organisieren ist, wie Kunath schreibt: „Geld kann man den Menschen relativ leicht in die Hand drücken. Ein sozial gerechtes, leistungsfähiges und modernes Schulsystem zu schaffen ist ungleich schwerer" (Kunath, S. 268).

Aber es hapert auch noch am Geld. Die OECD Länder geben sieben, Brasilien nur ein Prozent des BIPs für Forschung und Entwicklung aus. Und es gibt auch einen deutlichen Unterschied zu anderen BRICS-Staaten oder Schwellenländern. Leuthold zitiert Bernardo de Mello Paz, den Gründer von Inhotim[34], der fragt, was denn China und Indien machen? „Sie investieren in die Bildung und ihre Universitäten, werden schon bald zu den besten gehören. Und was macht Brasilien? fährt er fort und spuckt die Antwort in die Ecke: Es ernährt diese beiden Länder" (Leuthold, S. 101).

Luis Fernando Veríssimo ist nicht wirklich optimistischer: „Brasilien ist ein reiches Land. Aber um wirklich ein großes Land zu sein, ist es zu blöd." Für Veríssimo liegt das Problem darin, dass in den ganzen Regierungsprogrammen dem Wissen und seiner Vermittlung zu wenig Bedeutung eingeräumt wird. Die Sozialprogramme aber sind leichter zu organisieren und dienen der Regierung, weil diese von den Massen, die davon profitieren, wieder gewählt wird. „Für das Land ist es schädlich. Ich weiß es, weil ich die Folgen sehe. In der Favela, wo ich lebe, haben die jungen Mädchen keinen Ehrgeiz, um zu studieren. Sie wollen möglichst bald Kinder haben, um an die Sozialgelder zu kommen" (Leuthold, S. 205).

Eine oder auch fünf Motiva-Schulen werden nicht ausreichen, um Brasilien in ein „großes" Land zu verwandeln. Auch wenn sie reichlich Stipendien vergeben. Dafür bedürfte es einer viel breiteren Basis, die nur der Staat garantieren und finanzieren kann. Solange er sich aber für die Armen auf „Almosen" in Form von bolsa familia beschränkt, bleibt das öffentliche Schulsystem „ruim".

[34] Inhotim wurde Mitte der 1980er Jahre gegründet und ist ein Zentrum für Moderne Kunst und seltene botanische Arten in Minas Gerais und setzt sich für nachhaltige Entwicklung ein, http://www.inhotim.org.br/en/ Der Gründer ist mit seiner Holding Itaminas vor allem im Bergbau tätig

Nach der WM ist vor den Olympischen Spielen

Nach dem Spiel ist vor dem Spiel und nach der WM 2014 ist vor den Olympischen Spielen 2016. Das nächste Großereignis, das wenigstens die nächsten zwei Jahre verstärktes internationales Interesse an politischen, wirtschaftlichen und gesellschaftlichen Entwicklungen in Brasilien garantiert.

Alle Probleme, die mit der WM auf die Tagesordnung kamen, werden somit, zugespitzt auf Rio, weiter aktuell bleiben: Gentrifizierung, Vertreibung der Armen aus den zentralen Stadtteilen, Kommerzialisierung der Städte und des öffentlichen Raums, Favelas unter Polizeikontrolle, Gewalt, Korruption bei Bauvorhaben, Infrastrukturprobleme und Verkehrschaos. Auch ist kaum zu erwarten, dass das Bildungs- und Gesundheitssystem sich genauso wie die Qualität der Spielstätten, Stadien und wie das Olympische Dorf entwickeln werden. Wenn sich Brasilien nicht in einen Polizeistaat verwandelt, wird sich „die Straße" sicher wieder zu Wort melden. Langweilig wird es wohl nicht.

Da sich die politische Konstellation der letzten Jahre bei den Wahlen vom Oktober 2014 nicht entscheidend verändert hat, weiß man, woran man ist, aber auch, dass es eher keine großen Reformen geben wird. Umfassende Verfassungsänderungen oder ein neues Wahlgesetz bleiben wohl liegen. Dafür ist nicht nur die Präsidentin verantwortlich, sondern das politische System, das mit 28 im Parlament vertretenen Parteien und ihren Partikularinteressen weiterhin blockiert bleibt. Über politischen Stillstand und Korruption beim Stimmenkauf sollte man sich nicht wundern. Außenpolitisch sieht es auch nach „weiter so" aus. Wenig, außer Lippenbekenntnissen, deutet darauf hin, dass Dilma in ihrer zweiten Amtszeit der Außenpolitik mehr Gewicht geben und zu den aktiven Zeiten Lulas zurückkehren wird. „Der Riese“ ist erwacht, aber er mischt sich nicht mehr ein, er zieht sich zurück.

Dessen ungeachtet hat die Regierung große Pläne. Brasilien soll schon bis 2024 die viertgrößte Weltwirtschaft werden. Diese Pläne gelten aber als wenig glaubwürdig. Als bloßer Rohstofflieferant ohne verstärkte Investitionen in Bildung, Forschung und Entwicklung, wird der Sprung aus der Kategorie der mittleren Einkommen (10-12,000 $ pro Einwohner), wie es die Weltbank definiert, in die Kategorie der Länder mit hohem Einkommen, nicht möglich sein.

Gut, dass auch die brasilianische Gesellschaft große Pläne hat. Ein würdiges Leben in einem gerechteren und demokratischeren Staat. Bessere Bildung auch für die Ärmeren, keine Almosen, sondern Aufstiegschancen. Bis dahin ist es noch ein weiter Weg, aber „hoje tem coisas boas“. Die Brasilianer sind aufgewacht als Gesellschaft, als Bürger. Sie haben im Juni 2013 in den Straßen ihrer Städte „nicht für Cents, sondern für Rechte“ demonstriert. Die Politik ist gut beraten, sich ihren Bürgern auf Dauer nicht in den Weg zu stellen.

Verwendete Literatur

Bağdatlı Abdurrahman Efendi: *Brezilya'da İlk Müslümanlar* [Die ersten Muslime in Brasilien], Istanbul 2013

Burghardt, Peter: *Gebrauchsanweisung für Brasilien*, München 2013

Curi, Martin: *Brasilien. Land des Fußballs*, Göttingen 2013

Glüsing, Jens: *Brasilien. Ein Länderporträt*, Berlin 2013

Knipp, Kersten: *Das ewige Versprechen - Eine Kulturgeschichte Brasiliens*, Berlin 2013

Leuthold, *Ruedi: Brasilien - Der Traum vom Aufstieg*, München 2013

Kunath, Wolfgang: *Das kuriose Brasilien-Buch - Was Reiseführer verschweigen*, Frankfurt am Main, September 2013

Wunn, Andreas: *Brasilien für Insider - Nahaufnahme eines Sehnsuchtslandes*, München, April 2014

Berichte und Artikel des GIGA Hamburg (German Institute of Global and Area Studies), http://www.giga-hamburg.de/de/brasilien) und der Stiftung Wissenschaft und Politik in Berlin (SWP, http://www.swp-berlin.org/).

Über den Autor

Der geborene Münchner Ekrem Eddy Güzeldere lebt seit 2005 in Istanbul, wo er als freier Journalist und politischer Analyst tätig ist.
Nach Studium der Politikwissenschaft an der Freien Universität Berlin und des Euromasters (Bath, Paris, Madrid) arbeitete er in Brüssel im Europäischen Parlament und in Rom bei einer Komunikationsagentur. Bevor er sich 2013 selbständig machte, war er in Istanbul für eine deutsche politische Stiftung und eine internationale Denkfabrik tätig.

Seit 2011 reist er regelmäßig nach Brasilien und arbeitet an einer Dissertation zur Außenpolitik Brasiliens und der Türkei.

Persönliche Internetseite: **www.guzeldere.eu**

Sonderseite mit Informationen und Artikeln zu Brasilien: http://www.guzeldere.eu/index.php/brazil-2014

Twitter: @ee_guzeldere

e-mail: info@guzeldere.eu